Dans le noir, je crie

Sikou Niakate

Dans le noir, je crie

Stock

Œuvre de couverture : « L’amour, la mort, la vie – 2023 »
de Hom NGuyen
Maquette de couverture : Michael Prigent

ISBN 978-2-234-09828-2

J'écris ces lignes pour me sauver par l'art, car la politique ne l'a pas fait et je refuse de me laisser mourir. Je refuse d'être détruit de l'intérieur.
Je veux tuer ce cheval de Troie intime.
Je veux juste exister librement.
Voici mon immodeste ambition.

Dans le parc, je joue avec un ballon contre un muret. Je crois que je deviens plus précis. Meilleur que ceux de mon âge. C'est parfait. Je pourrai bientôt participer aux matchs des plus grands. Il fait beau. Après-midi léger. Je ne pense à rien d'autre qu'au ballon. À la bonne exécution de mes gestes. Ouvrir le pied à son contact et le refermer au dernier moment.

Un son fort se rapproche. Des gens courent. Il y a aussi des aboiements. J'arrête. Je m'assois. Le bruit prend toute la place. Il me paralyse. Je ferme les yeux quelques secondes. Quand je les ouvre, une quarantaine de mecs défilent devant moi, armés de bâtons, de chaînes, de bouteilles en verre et de chiens. Ils ont l'air enragés.

Ils traversent le parc.

De l'autre côté, se trouve une bande d'une autre cité contre laquelle ils sont en guerre. J'ai entendu mes grands frères en parler. J'essaie d'imaginer ce qui va se passer. Là-bas, il y a des gars posés.

Peut-être même des enfants de cinq ans comme moi. Il y aura des coups. Des morsures. Du sang. J'arrive à sentir l'odeur à l'avance. Je regarde mon ballon, abandonné dans un coin. Il a l'air d'avoir peur. Je tremble, mais j'ai aussi très chaud. Je ne parviens plus à respirer. Si je me lève pour fuir, ils me verront. Je dois rester immobile et attendre que le danger passe.

Je veux refermer les yeux, mais mes yeux ne veulent pas se refermer.

Au quartier, il faut être un bonhomme. J'ai entendu des grands de mon immeuble le dire. Il ne faut jamais refuser une baston. Ne jamais lâcher un mec qui est en embrouille.

Le bruit s'éloigne un peu. Il n'y a plus personne devant moi. Je me lève et je cours de toutes mes forces vers la sortie. Mais plus je m'en approche, plus j'entends un nouveau boucan. Sûrement une deuxième vague de gars et de chiens. Je tourne à droite, je n'ai jamais été aussi rapide. Ma respiration s'accélère. Je trébuche et tombe. Avec mes mains, je protège ma tête qui allait se prendre le sol. Je me relève, une douleur insupportable enflamme mes poignets. Je me cache. Un arbre contre mon dos. Des buissons face à moi. Accroupi, j'essaye de reprendre mon souffle. Le bruit prend toute la place derrière moi. Des coups. Des cris. Du verre qui se casse. Des morsures. Le tronc reçoit des chocs. Mon dos vibre. J'espère ne pas être vu. Ne pas être repéré par les chiens. Je ferme les yeux. Mes doigts contre mes oreilles pour ne plus entendre. Je crée un monde silencieux en moi. Rien d'autre n'existe. Noir complet. Quand je rouvre les paupières, la nuit est tombée. Combien de temps je suis resté ici ? Ça sent le savon. Je regarde discrètement derrière. À droite. À gauche. Rien. Personne. Je me lève en m'aidant de mes mains douloureuses. Mon pied gauche cogne un petit sac dans les buissons. Je ne l'avais pas vu. J'hésite à le toucher. Il est en cuir, il y a peut-être de l'argent à l'intérieur. Je l'ouvre. C'est un enregistreur. J'appuie sur le bouton marche/arrêt. Il ne s'allume pas. Je le retourne, il y a des piles à l'intérieur. Il doit être mort. Je remets le tout à sa place, me relève doucement. Le sol est encore humide. Il vient d'être nettoyé. Peut-être pour cacher les traces de ce qui s'est passé. Une Air Max traîne dans l'herbe. Le parc est vide. Sûrement fermé à cette heure-là. Je me dirige vers les grilles. Il y a un endroit où deux d'entre elles sont écartées. Je descends la rue et rentre chez moi.

– Où tu étais ? demande ma mère.

– Chez le voisin du cinquième.

Elle tourne son regard vers la télévision. Je m'installe sur le canapé à côté d'elle.

Je me réveille en sursaut. Je dors dans le même lit que mes parents et ma petite sœur. Les adultes dans un sens, et les enfants dans l'autre. Comme souvent, le pied de Papa s'est retrouvé à deux centimètres de mon visage. Ce n'est pas la vue que je préfère. Je regarde vers la porte. J'ai l'impression de voir une forme humaine. Un grand homme qui me dévisage. Silence de la nuit. Je descends discrètement au salon. Je m'installe devant la fenêtre et m'accroupis sur le sol. À cette place, je peux voir toute la pièce, éclairée par la lune. Je scrute la grande armoire en bois. Les quelques photos de famille sur lesquelles il n'y a que les femmes. Où sont mes frères ? Mon père ? Dans un coin, une souris passe. Il y en a beaucoup dans l'appartement. Il est autant à elles qu'à nous. Parfois, j'essaie de les chasser, mais elles sont trop rapides. Papa a installé des pièges partout. Quand il en attrape une, il la saisit avec des gants et la plonge dans l'eau chaude. Il le fait dans la cuisine, avec son grand seau, je ne loupe rien du spectacle. Les cafards, eux, sont toujours trop hauts. Contre les murs. Ils ne viennent jamais au sol. Ils ont compris que c'est dangereux pour eux. Qu'il est plus facile de les écraser quand ils sont près des pieds. Je me demande souvent comment on fait pour vivre aussi nombreux dans un espace si petit. On est onze à dormir dans deux chambres. Dans la mienne, on est quatre. Dans l'autre, ils sont sept, entassés sur deux matelas. Un pour les filles. L'autre pour les garçons.

Apparemment, c'est mieux qu'à l'époque où ils vivaient à huit dans un treize mètres carrés.

Ils l'appelaient la Maison Pourrie.

Je m'allonge sur le sol pour voir le ciel. Un jour, je m'en approcherai, je serai loin d'ici. Pas en train de me battre avec un autre quartier. L'avenir me terrifie.

– Sikou !

Je me retourne. Papa est en face de moi. Il parle en soninké, je ne comprends pas tout. Il est agacé de me trouver là en pleine nuit. Avec son bras et son doigt autoritaire, il m'ordonne d'aller dans la chambre.

– Bonjour monsieur... Bonjour madame... Excusez-moi de vous déranger, vous avez un franc ?

Je fais la manche. J'y vais comme ça, seul. Je scrute les personnes que je croise en me demandant si elles sont généreuses. Malgré les nombreux refus, je récolte quelques pièces. Ça me permet de m'acheter des viennoiseries et des chewing-gums que je mange dehors. Autrement, mes parents me demanderaient d'où ça vient et je ne peux pas avouer que je mendie de l'argent aux inconnus dans la rue. Aujourd'hui, j'ai récolté neuf francs. Je rentre chercher mon ballon avant d'aller au parc. Devant chez moi, tous les pères de l'immeuble font une chaîne. La porte est fermée. Les mères et les enfants attendent sur le trottoir d'en face. Je les rejoins. Je demande à mon pote du troisième ce qu'il y a.

– Ils ont mis de la fumée. Celle qui fait tousser et qui pique les yeux. Les racistes. Ils font ça pour nous pousser à sortir. Ils veulent nous expulser. Mon père m'a dit qu'on n'a pas le droit d'être là. C'est un squat. C'est pour ça que l'immeuble est en mauvais état. Il était abandonné avant. Et nos papas sont venus et ont forcé la porte pour s'installer. Mais eux, ils ne veulent pas qu'on soit là. S'ils nous virent, on part où nous ? On dort dans la rue ? C'est des oufs eux.

Je reste silencieux, j'essaye de comprendre. Je suis un nuisible comme les souris de l'immeuble ? Est-ce qu'ils vont vraiment nous virer ?

Quelques jours plus tard, je joue aux billes, à la maison. C'est un voisin qui m'en a filé sept. On dirait des yeux de chat dans ma main. J'en lance une, au hasard, et j'essaie ensuite de la toucher avec les autres. Mama n'est pas là aujourd'hui, j'en profite pour m'étaler dans la pièce. Elle nettoie l'immeuble. Ce sont les mères de chaque appartement qui le font. Aujourd'hui, c'est son tour. Mon œil est près du sol. J'essaie de définir la bonne trajectoire. Je me redresse et je lance une bille avec la plus grande attention. Elle frôle la cible. J'en prends une autre. Je vise. J'entends un gros bruit provenant de l'extérieur. La porte de notre appartement est grande ouverte. Quelque chose est tombé. Quelqu'un peut-être. Je reste concentré sur la bille que je vise. Une de mes grandes sœurs se précipite hors de sa chambre.

– Mamaaaaaaaaaaaaaaa...

Qu'y a-t-il ?

Je me lève et je cours dans le couloir. Je descends les marches avec le cœur qui palpite. Ma sœur n'arrête pas de hurler. Mama est face à nous, entre le rez-de-chaussée et le premier étage. Les rambardes des escaliers sont en mauvais état. Par endroits, il n'y a que des barres verticales qui partent du sol, sans protection. Elles sont pointues au bout. C'est sur l'une d'entre elles que Mama est tombée. Son bras est transpercé. Ça entre et ça sort de son biceps imposant. Il y a du sang. Des voisins sortent et se mettent à crier aussi. Mama, elle, reste silencieuse. Mal assise sur une marche, elle ne peut pas bouger. Elle ferme les yeux de toutes ses forces. Quelqu'un appelle les pompiers. D'autres déclament des sourates du Coran. Une de ses amies s'approche pour la rassurer. On me dit de remonter chez moi. Un enfant ne devrait pas voir ça, apparemment. Je m'exécute. Accroupi contre un mur, je laisse la porte ouverte pour entendre. D'autres sœurs et frères sont en bas. Je les entends. Les uniformes rouges, eux, tardent à arriver. Ça fait plus de vingt minutes. Tout le monde commence à s'en plaindre. Papa est au travail. Mama est transpercée. Putain d'escalier. Putain d'immeuble. Quand j'entends enfin la sirène, je redescends. La scène me paraît irréelle. Les pompiers entourent ma mère. Ils observent son bras. Ils discutent à voix basse. L'un d'eux s'en va. Qu'est-ce qui se passe ? Le hall d'immeuble transpire. Il revient avec une scie. Ce serait trop douloureux et dangereux de tenter de retirer la barre, dit le chef. Il faut la couper et l'emmener avec Mama à l'hôpital. Elle respire lentement et fort. L'homme commence à scier. Elle se retient de crier. Il continue. Les autres maintiennent son bras. Ils la rassurent en lui disant qu'elle est courageuse. Une fois terminé, ils l'emmènent. Je le vois, elle n'a plus aucune force. Sur le sol, une traînée de sang. La plus grande sœur monte avec elle dans le camion. Les autres adultes discutent dans le hall. Je remonte. Au salon, je regarde mes billes. La télé allumée. Je l'éteins. Je retourne la télécommande et je sors les piles.

Dans le jardin, je marche en direction de l'arbre. Je retrouve la même position, accroupi, caché par les buissons. Je ferme les yeux. Mes doigts aux oreilles. Silence. Je respire lentement. Mes larmes coulent toutes seules. Après les avoir essuyées, je saisis le sac en cuir de la dernière fois. Je sors l'enregistreur et je remplace les piles par celles que j'ai prises à la maison. Il s'allume. Il n'y a aucune piste. J'appuie sur le bouton rouge pour lancer un premier enregistrement :

– Sikou du futur… c'est quoi être un homme ? Si tu m'entends. Si tu te souviens de moi. Pars ! Pars d'ici. S'il te plaît. Sauve-nous.

Elle a failli perdre son bras. L'accident a fait du bruit. Ils ont relogé tout l'immeuble, avant de le fermer. Dans son malheur, elle a rendu service aux autres familles.

On habite maintenant dans le dix-neuvième arrondissement. Plus besoin de prendre les escaliers, il y a un ascenseur. Sixième étage. Il y a aussi des personnes qui viennent nettoyer le bâtiment. Mama n'aura plus à le faire. L'appartement est très grand. J'ai l'impression qu'il est tout neuf. Ça sent encore la peinture. C'est un duplex, avec une rambarde métallique solide au niveau des escaliers. Parfois, je monte dessus et je glisse pour descendre. Mais je ne vais pas souvent en haut. Ce sont les chambres de mes frères et mes sœurs. Moi, je dors en bas. Toujours dans la même pièce que mes parents. Mais maintenant, j'ai mon propre matelas au sol. C'est mon espace. Enfin seul.

Dans notre nouveau quartier, il y a un terrain de foot entouré de vieux immeubles, exactement comme celui qu'on a quitté. Des familles vivent dedans. Plein de gars de mon âge que je ne connais pas.

Nouvelle école, nouvelle classe de CP, c'est la récré. Certains jouent au foot avec un ballon en mousse. Je me présente en leur serrant la main. Ils m'intègrent rapidement dans une équipe. Le courant passe bien, on rit beaucoup. Je me crée artificiellement des liens familiaux avec celui qui paraît le plus fort. Un gars grand et gros qui a des mains imposantes. Je dis à tout le monde qu'on est cousins et, étrangement, il ne me contredit pas. Au bout d'une semaine, je fais partie de la bande.

Après l'école, très souvent, on se retrouve au stade. Une bonne partie des gars y sont. On joue en mode tournoi. L'équipe qui gagne reste sur le terrain. Autour, posés, il y a des grands. Je ne m'approche pas d'eux. Un jour, j'en ai vu un menacer un autre avec une immense paire de ciseaux pointue. Il lui demandait l'argent que l'autre lui devait. J'ai cru que le coup allait partir. Finalement non. Le quartier fait flipper. J'ai entendu dire qu'il y avait des combats de chiens parfois. On raconte même qu'un des maîtres taille les dents de son pitbull qui ne perd jamais.

Fin du ramadan. Fête de l'Aïd. Ce qui est bien ce jour-là, c'est la viande grillée. Le mouton vient d'être découpé chez un voisin. Il y en a beaucoup. Chaque famille de l'immeuble repart avec une portion. Quand Mama la cuisine, avec les oignons, il y en a pour tout le monde. Ça change. En temps normal, je dois me battre pour en avoir. Ça coûte trop cher.

En ce jour, on porte un boubou. Le mien est violet. Les adultes donnent de l'argent aux enfants. C'est une tradition, je crois. Le daron m'a filé cinq francs, je me sens tellement riche. Mais j'espère croiser des tontons qui me donneront d'autres pièces. Je rejoins mes potes en bas. On compare nos tenues. On forme presque une palette de couleurs complète. On se montre l'argent qu'on a reçu. Ils ont chacun dix francs. On se dirige vers la mosquée pour faire la prière. Sur place, je regarde les messieurs pour essayer d'en croiser un que je connais, mais personne.

Avec deux potes, on va au Monoprix. On prend une pizza margherita, la moins chère. Personne n'a de four à la maison. Alors on s'installe devant la fontaine d'une résidence juste à côté et on la mange surgelée. Une glace goût pizza.

Je rentre chez moi. Je croise des grands qui sont souriants. Dans mon immeuble, je sens l'odeur de la viande grillée. Je commence à saliver. Sans me laver les mains, je me précipite dans la cuisine et me sers une énorme assiette que je mange avec du pain. C'est la meilleure chose du monde.

Cette nuit, je n'arrive pas à dormir. La journée était trop joyeuse. Je me lève et je regarde par la fenêtre. Le ciel est lourd et toujours bas. J'ai l'impression d'être enfermé sous une cloche géante. Je vais chercher mon pistolet à bulles avant de m'allonger sur mon lit. Je recouvre le plafond de savon. Avec la lumière qui provient de l'extérieur, j'ai l'impression qu'une immense constellation éphémère flotte au-dessus de moi. Enfin des étoiles.

Je suis avec deux potes face aux tamagotchis du Monoprix. Dans la cour de récréation, il y en a qui en ont. Nous, on en rêve. Mais nos parents ne peuvent pas nous en acheter, c'est trop cher. Le rayon enfin vide, on en met sous nos tee-shirts. C'est rapide. Maintenant, il faut sortir du supermarché. Chaque pas est une victoire. Bientôt le portique de sécurité. Il ne sonne pas. Mon pied se pose à l'extérieur. On a réussi. Ce soir, nous aussi on pourra jouer. Une main saisit mon col et me tire en arrière. Je tombe et je suis aspiré à l'intérieur du magasin. Je vois mes amis courir. Je pleure. Je crie.

– Laissez-moi ! S'il vous plaît ! Je vous en supplie !

Je suis traîné sur le sol par une femme. Un client l'interpelle en lui demandant de me lâcher, mais elle n'écoute pas. On emprunte un couloir et on se retrouve dans une salle fermée.

Elle lève mon tee-shirt et retire les trois boîtes que j'ai voulu voler.

Je suis assis sur une chaise, face aux écrans de surveillance. Je continue de la supplier de me laisser partir, mais elle refuse. Je dois lui donner le numéro de chez moi. Je ne le connais pas. Elle discute avec des hommes dont un qui a l'air d'être son responsable.

– On va appeler la police.

– Non ! Non ! S'il vous plaît ! Désolé ! Pas la police ! S'il vous plaît !

Ils arrivent.

Je pense à mes parents. À mon père. Il va me défoncer.

Ils ne peuvent pas vraiment venir pour des tamagotchis. Ce n'est pas possible. C'est pour me mettre la pression. Ils entrent. Je deviens un délinquant. Ils me demandent mon adresse. On sort du Monoprix. Dans la voiture, ils sont deux devant et un derrière, à mes côtés. Je leur donne des indications.

– C'est par là. À gauche. Tout droit. À droite. C'est ici.

On sort de la caisse. J'ai envie de courir, mais c'est mort. Ils me rattraperont. Dans l'ascenseur, je regarde le policier en face de moi, avec les trois boîtes dans sa main. Peut-être qu'ils vont me les donner.

On arrive au sixième étage. Porte de gauche. Je sonne. Ma petite sœur ouvre.

– Appelle Papa.

Mon père salue les policiers avec un regard apeuré. J'entre, et je cours m'enfermer dans les toilettes. Je n'entends pas tout de leur conversation. La porte d'entrée claque.

Papa se dirige vers moi et me demande de sortir.

– Non. Non Papa. Pardon !

Il insiste, mais je ne l'écoute pas. À l'aide d'un tournevis, il essaie de forcer la serrure. Je résiste de l'autre côté en tenant fermement le loquet.

Il me promet qu'il ne me frappera pas, mais je refuse.

Une heure plus tard, j'accepte d'ouvrir la porte. Il est derrière, ceinture en main.

Le lendemain, je me réveille, le corps tout endolori. Dans le salon, il y a encore les boîtes des tamagotchis. J'apprends, de la bouche de ma petite sœur, que Papa a été obligé de les payer en donnant trois cent cinquante francs aux policiers. Pris de colère, il les a explosés avec un marteau avant de les jeter à la poubelle. Avec cette somme-là, il aurait pu nourrir toute la famille pendant plusieurs semaines.

CE1. J'ai un retard que je dois compenser. Parfois, avec un petit groupe, on se rend dans une salle avec une autre maîtresse qui est là spécialement pour nous apprendre à lire. J'aime y aller. J'ai l'impression de découvrir une arme secrète. Un passeport. Une porte de sortie. Je comble l'écart avec les autres. Je suis moins bête.

À la récré, je traîne toujours avec la même bande. Seulement, depuis quelque temps, ce mec, ce faux cousin aux grandes mains, me gifle très fort, tous les jours, pour s'amuser. Je sens, sur ma joue, les traces de ses doigts en volume. Chaque fois, je pleure. Pas de douleur, des coups, j'en ai déjà pris. Mais d'incompréhension. Les autres mecs de la bande me disent d'arrêter de chialer, de me défendre. Je ne veux pas, car on se battrait et je n'aime pas ça. Je le supplie d'arrêter quand j'anticipe son geste. Il s'en contrefiche.

Il a continué de me gifler. J'ai arrêté de laisser mes larmes couler. À ce moment-là, les coups ont cessé.

Allongé dans mon lit, la nuit, je ne trouve jamais le sommeil. J'ai l'impression que je ne dormirai plus.

Je dois survivre.

Cette phrase danse dans ma tête. Elle s'arrête face à mes émotions et les secoue, violemment, en leur disant qu'elles vont devoir rester cachées. Elles vont devoir se taire. Elles vont devoir mourir, peut-être.

Je dois survivre.

Cette phrase poursuit son chemin et se dirige vers mes yeux. La voyant venir, mes pleurs se cachent. Cette phrase est tellement puissante qu'elle emporte tout sur son passage. Mes larmes tentent de résister, mais ça ne marche pas. Elles ne couleront plus.

Je dois survivre.

C'est ça la vie, maintenant. J'essuie une dernière fois l'eau qui a coulé sur mon visage.

Le lendemain matin, je m'habille rapidement et je sors. Aux Buttes-Chaumont j'avance, en vérifiant bien que personne ne me suit, vers un coin que j'ai découvert en faisant un cache-cache avec la bande. C'est un espace vide au milieu d'un ensemble d'arbres et de plantes. J'y ai planqué l'enregistreur que j'ai récupéré avant le déménagement. Je pénètre dans mon nouvel antre. Je sors le sac en cuir caché sous le tas de feuilles. Je m'accroupis contre l'arbre et je ferme les yeux. J'appuie sur le bouton rouge.

– Grand Sikou, j'ai compris. Je vais créer une cage en moi. Une prison de larmes pour me défendre. Pour être accepté. Plus jamais elles ne s'enfuiront.

10 heures du matin.

Je viens de me réveiller. Je n'ai pas pris de douche. J'ai encore un peu de caca d'œil. Je sors de chez moi pour rejoindre les gars. Je sors quand je veux. C'est l'avantage d'être un garçon. Mon jogging a un petit trou qui ne se voit pas. Je l'ai recousu il y a quelques jours, mais il s'est de nouveau déchiré hier, au foot.

Je vais chez le voisin du quatrième, mon meilleur pote. On se pose devant sa PlayStation. *ISS*, un jeu de foot. Je suis le meilleur du quartier. Je squatte dès que possible. Je me sens bien ici. Chez moi, c'est chaud. Souvent il n'y a pas d'argent. Je le vois quand Mama, désarmée, met une petite pression à Papa. Il faut nourrir les enfants ! Lui est perdu, inquiet, même s'il le cache bien. Il se lève chaque matin à 5 heures et demie pour se casser le dos à nettoyer le Monoprix. J'ai honte qu'il soit homme de ménage. Quand on me demande ce qu'il fait dans la vie, je dis qu'il est agent de sécurité. Je le sens triste de constater que travailler, ça ne suffit pas pour nourrir sa famille. Il est mal à l'aise lorsqu'il doit demander à une connaissance de lui prêter de l'argent pour faire les courses. L'intensité de sa gêne ne fait pourtant pas le poids face à son devoir de paternité. Parfois, je marche avec des chaussures trouées, car là, tout de suite, on ne peut pas en acheter de nouvelles. Quand les huissiers reviennent pour d'autres loyers impayés, je cache ma console.

Mais c'est pareil chez tout le monde au quartier. On est tous très pauvres. C'est peut-être pour cette raison qu'on nous a réunis ici, ensemble. Pour ne pas faire culpabiliser les autres, ceux qui ne sont pas dans la misère. Ceux qui ne sont pas rien.

La plupart du temps, on reste là, bloqués par ces immeubles qui délimitent notre périmètre du reste de Paris. Le monde extérieur.

On reste entre nous. Comme une grande famille. Je ne me sens chez moi que lorsque je suis au quartier. Un peu comme ce chien qui a toujours été en cage. Un jour, on lui ouvre la grille. Mais il ne connaît pas la vie en dehors de sa prison. Alors, après quelques pas à l'extérieur, envahi par la peur, il y retourne, puis referme la porte avec sa patte.

Moi, je rêve de la quitter, ma cage. Mais personne ne me l'ouvre. L'extérieur ne me désire pas. L'extérieur est hostile avec moi, le pauvre du quartier. L'extérieur raconte que j'ai la rage, pour justifier la violence qu'il exerce sur moi. Et plus je subis, plus j'ai mal. Plus j'ai mal, plus je crie. Mais plus je crie, plus je donne raison au scénario de l'extérieur qui veut faire de moi un clebs enragé.

Je suis un enfant battu par l'extérieur et je n'ai pas la rage du chien. Je dois savoir résister, tant bien que mal. Je dois devenir une armure pour survivre. Je dois devenir un bonhomme. Je m'entraîne parfois à faire le Kamé Hamé Ha de Son Goku. Mais rien ne sort de mes mains. Je vais devoir les utiliser autrement.

CE2, qui est le boss de la classe ? Je suis le plus grand, alors les autres partent du principe que c'est moi. Mais mon ami Ibrahim s'en moque. Il n'a pas peur. Je suis sûr qu'il a en tête l'image du château de cartes. Plus il est haut et plus il est fragile. Alors, quand ça va bien, on est les meilleurs potes. On s'éclate. Mais quand il y a une opposition, on se défie, d'abord verbalement. Au bout d'un moment, les mots ne suffisent plus, et on doit se battre. Une fois toutes les deux semaines, ça pète entre Ibrahim et moi.

Coups de poing. On s'en donne beaucoup. Sur nos visages. Ça fait mal, mais on résiste.

Le regard des autres. On ne peut pas flancher. On ne peut pas abandonner. Quand on nous sépare, on continue de se menacer. Plus tard, on fait la paix en partageant une viennoiserie. J'ai mal à la mâchoire. Je cache ma blessure. Il ne doit pas penser qu'il a gagné. Je mange ce pain au chocolat goût sang et je retrouve mon pote. Je vais parfois chez lui pour jouer à la console. Quand on sort, on va chez les mères du quartier qui vendent des glaces à un franc. C'est du sirop, menthe ou fraise, qui est congelé dans des sacs en plastique. Elles ont une forme de cône. On arrache le bout avec nos dents, avant de les manger. Ibrahim, c'est comme un frère. Je suis sûr qu'on ne se battrait pas si on n'était que deux, sans personne autour. On le fait pour intimider. Pour se protéger à l'avance. C'est comme ça pour tout le monde ici. À chaque récré, il y a au moins une baston. À chaque récré, il y a au moins deux mecs qui veulent dissuader.

À côté de l'école et de la bande, j'ai un secret. Aujourd'hui, comme une fois par semaine, je vais à la bibliothèque d'en bas. Je retrouve monsieur Hervé qui y travaille. Il est bienveillant, avec un regard doux derrière ses lunettes. On se dirige au fond, là où personne ne peut nous voir. Ça me rassure. Il ouvre un livre de comptines, que j'apprends en chantant. « Au clair de la lune ». Il me dit que j'ai une belle voix. Il ne me juge pas et m'encourage. C'est comme une parenthèse de douceur. Une évasion. Si ça se sait un jour, je suis mort.

Je me dirige dans mon espace aux Buttes-Chaumont. Je m'accroupis contre mon arbre.

Enregistreur en main, j'appuie sur le bouton rouge.

– Grand Sikou, Je ne veux plus me battre. Je veux chanter sans me cacher.

Aujourd'hui, il y a plein de dames à la maison. Elles sont dans le salon. Elles parlent toutes en soninké, en buvant du thé. Il doit y avoir huit sucres par tasse. Ma mère est au centre, dans son fauteuil noir qu'elle ne quitte jamais. Elle sort un billet de cent francs. Toutes les autres font de même. Une femme se lève et fait un tour en récupérant chaque billet dans un sachet en tissu. Je m'approche de celle qui est appuyée contre la porte du salon.

– C'est beaucoup d'argent hein ? C'est la tontine. Chaque mois, tout le monde met un peu d'argent dans le sac. Et quand l'une d'entre nous en a besoin, elle prend tout. Après, c'est le tour d'une autre. Ça rend service pour les grosses dépenses.

Je regarde cette scène silencieusement en me demandant quand ce sera le tour de Mama. J'ai hâte. Les temps sont durs. Nous, les enfants, on a juste besoin de trois francs chacun. Quelle épreuve. Quand l'un d'entre nous a plus d'argent, il peut avancer un autre. D'autres fois, c'est un grand du quartier qui nous file un peu de thunes. Quand c'est la période des pièces jaunes, on prend chacun une boîte à la poste et on va demander aux gens dans la rue de participer, pour la bonne cause. Quand la boîte est pleine ou que la flemme l'emporte, on va dans les escaliers d'un de nos bâtiments pauvres et on l'ouvre pour récupérer les pièces.

Aujourd'hui, on a assez d'argent pour tous. Mission réussie. On va chez Dia. On prend un paquet de crackers cacahuète et une canette de cola par personne. On s'installe sur la petite place de la mairie, qu'on appelle la placette. Pas besoin de plus pour être heureux. On a tellement marché dans ces rues du quartier. Je les connais par cœur. Je m'y sens chez moi, davantage qu'à la maison. Ces immeubles, ces commerces, ces trottoirs sales, ces petits parcs, ces chats, ces terrains vagues, c'est chez nous. J'erre dans ces espaces en refaisant le monde. C'est tout ce que j'ai.

Après le foot, on discute dans un coin. La placette se vide. On n'est plus que deux. On se remémore les moments épiques du match qu'on vient de jouer. Les tirs qu'on a mis. Chacun défend qu'il frappe le ballon plus fort que l'autre. Pour le vérifier, on compare la taille de nos mollets. On les contracte. Les miens sont les plus gros. On rit ensemble. Ensuite, la circonférence de nos bras. Je l'emporte. Je le chambre un peu. Mon ami baisse son short, son caleçon pas cher, et me montre sa bite. Je suis bouche bée. Il me demande de lui montrer la mienne. Il insiste.

C'est pour rire. Je suis flippé. Ma respiration s'accélère. Son sexe est bien plus volumineux que le mien. Je résiste en lui disant que je ne veux pas devant un mec. Dans le même temps, je tente d'être en érection, ça pourrait sauver un peu les apparences. Il continue de me mettre la pression, il affirme que c'est bizarre que je dise non. Je n'ai plus le choix. Si je refuse, il dira que j'ai quelque chose à cacher.

J'aimerais être ailleurs. Il me regarde et attend. Je baisse mon jogging et mon slip. Ça dure trois secondes, mais j'ai l'impression que le temps est infini. Il regarde, se retient de rire puis explose.

– T'as une toute petite bite. C'est un truc de fou.

Je tente de me défendre en me rhabillant : c'est parce que je viens de jouer au foot et que je suis au repos.

– Tu mens. Tu bandais. J'ai vu ta veine.

Il sourit. Je suis mort à l'intérieur. Il va le répéter, c'est certain. J'ai envie de lui dire de la fermer, de garder le secret, mais ce serait avouer. Peut-être que je pourrais le tuer, là, maintenant. Je marche derrière lui, en regardant le sol, la tête baissée. Je suis un monstre.

Arrivé auprès des autres de la bande, il s'en amuse beaucoup.

Je maintiens, je ne bandais pas. On finit par passer à autre chose.

Histoire de respirer, je continue d'aller à la bibliothèque pour jouer aux échecs. Comme aujourd'hui.

Il y a quelques types du quartier. La branche un peu intellectuelle. Il y a aussi des adultes, principalement des riverains. L'atelier est piloté par monsieur Moussa. Un homme à lunettes et au grand sourire. Il est sympa et explique bien. Il sait aussi faire preuve d'autorité quand le besoin s'en fait ressentir. Il est respecté par tout le monde.

Il y a peu de temps, il m'a raconté qu'il avait l'habitude de filer dix francs, tous les jours, à un sans-abri qui dormait près de son immeuble. La dernière fois, ayant oublié son porte-monnaie, il s'est excusé de ne pas pouvoir lui donner d'argent. En retour, il a eu des insultes. C'était devenu tellement quotidien que cette personne en galère comptait beaucoup sur ces dons. Elle avait fini par les considérer comme un dû.

Depuis que je connais cette histoire, je dis merci plusieurs fois quand on me rend un service. Je crois que j'en abuse.

Je démarre une partie avec un petit vieux monsieur aux cheveux gris qui habite dans mon immeuble. Il a les pièces blanches et il commence, car c'est la règle. Je me demande pourquoi les noires ont un coup de retard. C'est injuste.

Dans cet espace de jeu, j'arrive, le temps d'un instant, à ne plus froncer les sourcils pour dissuader. Les gens sont légers, concentrés. C'est comme une bulle.

J'en ai d'autres : l'association du quartier qui propose des activités, par exemple.

Aujourd'hui, elle tient un stand sur une place près du métro Laumière. J'y suis avec Sony et Abdel, deux gars du quartier plus âgés que moi. Ils ne traînent jamais dans la zone, avec nous. On se marre à propos d'un monsieur qui vient de se prendre une merde de pigeon. Une de leurs amies passe devant nous et les salue en leur faisant la bise. Elle me regarde avec une petite hésitation et m'en fait une. C'est la première fois qu'une fille dépose sa joue sur la mienne. J'ai l'impression d'avoir haché le temps. De faire partie des grands. Je la regarde s'éloigner en espérant revivre ce moment à l'infini.

– Elle est belle, hein ?

– Ah oui ! Les gars, j'aimerais traîner avec vous plus souvent. M'éloigner un peu… du quartier.

– Sikou, t'es trop jeune mon vieux. T'es encore en primaire…

Ils s'en vont. Je les observe, je rêve d'être un jour comme eux. D'avoir une vie en dehors d'ici.

Je suis enfermé. Je dois trouver une solution.

J'enrage. Il y a *Jumanji* ce soir à la télé. J'essaie de négocier depuis tout à l'heure avec Mama pour regarder, mais elle ne veut pas. Ça commence bientôt.

– Juste ce soir, laisse-moi regarder. Tu ne comprends même pas les mots qu'ils utilisent ! Ça veut dire quoi, politique étrangère ? Arrête de faire semblant. Allez, laisse tomber… On ne peut rien faire ici. C'est pour ça qu'on est toujours dehors.

Je descends chez le voisin du quatrième étage. On joue à la PlayStation. Finalement, je préfère ça.

Le lendemain, c'est la rentrée et mon premier jour au collège. Les élèves sont réunis dans la cour. Devant nous, les professeurs forment une ligne et la proviseure se tient devant un pupitre. Au micro, elle annonce la répartition de chaque classe. Une fois la liste de classe complète, les élèves quittent la cour en suivant leur nouveau professeur. 6e 2, 6e 3, C'est étrange. Plus le temps passe, plus j'ai l'impression qu'il ne reste dans la cour que les enfants noirs et arabes. La 6e 1 n'est composée que de petits Blancs. La 6e 4 est plus mixte. 6e 5. Elle dit mon nom. Une fois installé dans notre salle, je regarde autour de moi : il n'y a que des mecs du quartier.

Mes notes sont mauvaises. C'est le cas pour tous les gars avec qui je traîne. Notre priorité, c'est le sport. On veut tous devenir footballeurs. On joue au foot dès qu'on le peut, tous les soirs, depuis des années. Sous la pluie. Le soleil battant. Sur du verglas. Aux récréations. Le collège n'est qu'une obligation. On tente de le transformer en terrain de jeu. Au fur et mesure que les semaines passent, je deviens un boss au morpion.

Près du stade, il y a une embrouille. Un mec du quartier contre un petit Blanc aux cheveux frisés que j'ai déjà croisé à la bibliothèque. Il est fort aux échecs. Il semble ne pas vouloir se battre et repousse son adversaire qui tente de lui mettre des coups. Au bout d'un moment, il n'en peut plus et réplique. Patates. Il sait se battre. Surpris, on attend qu'il confirme. Quelques semaines plus tard, il mène une série de tête-à-tête face à un autre mec réputé dans la bagarre, qui intimide beaucoup. Il s'en sort bien. On l'intègre dans la bande. Il s'appelle Pierre. Il devient mon meilleur pote.

Je dors parfois chez lui. Il a sa propre chambre. Le matin, il y a un petit déjeuner complet. Chocolat chaud, viennoiserie. C'est incroyable. Sa mère est très sympa. Elle lui file souvent de l'argent de poche ou des tickets-restaurant pour qu'on aille s'acheter des kebabs. C'est beaucoup plus que tout ce que j'ai eu jusqu'à maintenant.

On se retrouve près du bureau du CPE. Un mec passe devant nous en courant. Quelques secondes plus tard, il est suivi par un autre. C'est trop tentant. Je mets mon pied devant lui et il s'écroule. Pierre est mort de rire. Le gars se relève. Merde, il a de la barbe. C'est clairement un troisième. Il se jette sur moi. Balayette. Ma tête tape le sol. Je sens mes yeux qui se mouillent. Je maquille ma douleur par de la colère. Je le menace.

J'arpente les couloirs du collège, jusqu'à tomber sur l'un de mes grands frères. Je lui raconte qu'un type m'a frappé pour rien. À sa demande, je lui décris mon pseudo-agresseur. Dans la cour, il m'ordonne de ne pas bouger. Un à un, il pousse devant moi des types correspondant à ma description, mais ce n'est jamais le bon. La récré touche à sa fin. Il revient avec un dernier gars. Je fais un signe de la tête, c'est bien lui. Mon frère et tous ses potes qui l'ont rejoint entretemps lui tombent dessus. Ensemble, ils le rouent de coups. La scène dure trente secondes. Le gars, blessé, part se cacher en courant.

Je regarde Pierre qui est à mes côtés. La sonnerie. Je retourne en cours. Je regarde le tableau. Plus jamais je ne ferai appel à eux. À partir de maintenant, si j'ai un problème, je le règle moi-même.

Avec ma bande de potes, on s'est débrouillés pour trouver des masques. L'objectif est clair, en cette soirée d'Halloween. Faire tous les bâtiments, en espérant récolter de l'argent. Certaines personnes en donnent quand elles n'ont pas de bonbons. On se répartit en plusieurs groupes pour quadriller le quartier. On a une clé PTT qui nous permet d'ouvrir à peu près toutes les portes d'immeuble. On commence toujours par le dernier étage, puis on descend.

– Bonsoir ! Des bonbons ou un sort !

On retourne le quartier. À la fin de la soirée, on se réunit pour comparer nos prises, échanger des bonbons, se vanter d'avoir eu de l'argent. Vingt-cinq euros pour moi. Chez moi, je commence déjà à me goinfrer. J'ai toujours mon déguisement en main. Je le remets. Face au miroir de la salle de bains, je repense à la bienveillance de toutes ces personnes qui nous ont ouvert leur porte. En temps normal, on suscite plutôt de la méfiance quand on est en groupe. Je le sens. Ce soir, avec nos masques effrayants, personne n'avait peur.

Mon père regarde un documentaire animalier. Il pourrait passer des jours sans rien faire d'autre. À l'écran, une tornade apparaît. Je l'entends marmonner. Je ne comprends pas.

– Le tourbillon là. C'est un djinn ça. C'est le diable. Je te dis que c'est un diable. Tu ne connais rien, toi.

Je continue de l'observer discrètement. Sa vision du bled est si lointaine de ce que j'apprends à l'école. À mesure que je grandis, je m'éloigne de lui.

Au collège, plusieurs gars jouent au foot en club. C'est indispensable si on veut percer. C'est là que les recruteurs cherchent les nouveaux talents. Je suis meilleur qu'une majorité d'entre eux, mais j'ai trop peur d'y aller. Les douches sont collectives. Les gars se lavent les uns à côté des autres. Si je fais ça, ils verront la taille de mon sexe et ce sera la mort. Ils ne me lâcheront jamais. Je ne peux pas vivre cette humiliation.

Les soirs, je passe mon temps à m'entraîner dans le stade du quartier. Je ne révise jamais les cours, je ne rends pas mes devoirs. À la fin de l'année, on m'annonce que je redouble.

Deuxième sixième.

Je me retrouve avec ceux nés en 92. La honte. Dès la rentrée, j'observe ma classe. Juliette : grande blonde, fossettes. Je tombe instantanément amoureux. Je la taquine. On devient potes, on joue ensemble. Mais ce n'est pas mon projet. Moi, je rêve de l'embrasser sur la bouche. Je devrais faire comme dans les films et l'inviter au restaurant. On irait au kebab de Jaurès. Les Délices d'Amour. Mais il faut compter douze euros pour deux sandwichs et deux boissons.

Cette nuit, je suis réveillé par le matelas mouillé. Je pisse encore au lit. Si Juliette apprenait ça... Je me positionne sur la partie qui n'est pas imbibée et je me rendors.

Ma mère me sort de mon rêve. Je suis en retard. Dans la rue, je trottine pour arriver à l'heure. Je transpire. Cours de français. Quelle flemme. La prof fait le tour des tables pour nous expliquer un exercice. Je regarde sa belle main et son vernis rouge bordeaux. Elle est penchée au-dessus de moi. J'aperçois un peu ses seins. Elle me demande de l'attendre à la fin du cours pour qu'on se parle. J'acquiesce, sans savoir ce qu'elle veut me dire.

Sonnerie.

La salle se vide.

– Sikou. Tu sens un peu fort. Ça arrive souvent. Tu te douches à la maison ? Tu as de quoi faire ? Tu es sûr qu'il n'y a pas de problème ? Alors il faut que tu prennes le temps de te laver plus souvent. C'est important. Tu comprends ? Allez, ne sois pas en retard.

Parfois, le soir, je garde un gosse du quartier qui doit avoir cinq ans. Le petit est endormi. Dans le salon, télécommande à la main, je change les chaînes frénétiquement. Je ne sais pas ce que je cherche, jusqu'au moment où je tombe sur un film porno. Code parental. Merde. Je tente 4 fois zéro, mais ça ne fonctionne pas. J'essaie 1234. Bingo. J'en avais déjà rapidement vu quelques fois, mais là, je suis seul. J'ai du temps. Je suis maître du visionnage. À l'écran, une femme est interviewée par un homme dans un studio d'enregistrement. Elle touche son pénis avec son beau pied. Je continue de regarder les autres chaînes. Je tombe principalement sur des fellations et des bites énormes qui pénètrent des femmes avec virulence. Elles crient de plaisir. Je suis terrifié. C'est peut-être pour ça que je suis plus excité en voyant des caresses par-dessus les vêtements. La honte est encore cachée.

J'ai réussi à réunir assez d'argent. Entre deux cours, dans les couloirs, j'attends de croiser Juliette.

– Ce serait cool de se faire un kebab ensemble un jour.

– Non, mais c'est bien de se voir en cours. Ça me suffit.

Elle part en souriant.

Pourquoi est-ce qu'elle a dit non ? Elle aussi pense que je pue ?

Tu te promènes partout dans ma tête, Juliette. Je t'aurais aimée fort.

J'espère qu'elle ne le racontera pas aux autres. Je descends dans la cour vide et m'installe sur un banc alors que je suis attendu en classe. J'hésite à escalader la grille du collège pour m'échapper. Jamais je n'aurais dû l'inviter. Je sens mes dessous de bras. Rien de spécial. Ou peut-être que je suis tellement immergé dans ma propre puanteur que je ne m'en rends pas compte. Je sors un stylo et une feuille. Je dessine le visage de Juliette et le mien, accompagnés de deux bulles. Dans l'une, j'écris : « Ça te dirait de se faire un kebab un jour ? » Dans l'autre : « Avec grand plaisir, Sikou. J'allais te le proposer. »

Mama regarde *Les Feux de l'amour*. Elle suit ce feuilleton depuis des années. Il m'arrive d'en mater quelques minutes.

Il y a une scène de tendresse. Deux personnages s'enlacent en pleurant, après la mort d'un autre.

Une larme coule sur la joue de Mama. Je suis perdu. Elle ne peut pas être vraiment émue. Je ne connais pas ce visage d'elle. Et puis, elle ne comprend pas tout ce qui se dit. C'est étrange. Ça me fait sourire. C'est gênant. Je sors du salon.

Seul, au stade, je travaille ma précision. Les grillages favorisent le rebond du ballon qui me revient après chaque frappe. Mocktar, une figure respectée par tous, s'arrête pour me regarder. Il me dit que j'ai un très bon pied droit, mais que je dois travailler l'autre si je veux percer. Il me donne l'ordre de n'utiliser que le gauche pendant trois heures. Je m'exécute.

Le soir, je traîne avec un pote dans la cour. Mocktar nous appelle depuis le hall de l'immeuble accolé au mien. Il nous sourit et me tend un petit pochon en plastique dans lequel se trouve une barrette marron. Je sais que c'est du haschich. Certains mecs, ici, en consomment. J'ai entendu que ça anesthésiait les émotions. Fumer, pour certains, est une manière de survivre, de ressentir de manière allégée. Autrement, ils exploseraient. Il me demande de prendre le pochon et le donner à un monsieur qui attend tout près. Je refuse. Il insiste, mais je tiens bon. Il s'énerve : je suis une merde, une petite tapette. Je baisse la tête, blessé et déçu de décevoir un grand du quartier. Ils sont mes exemples. Il propose à mon ami de remplir la mission, ce qu'il accepte. On sort de l'immeuble.

– Pourquoi tu n'as pas voulu ? De quoi t'as peur ? C'est rien, frère ! Arrête de faire le bouffon.

Je reste sur place, pendant qu'il fait l'aller-retour. Il me lance un clin d'œil en passant devant moi, un billet de vingt euros dans la main, puis entre dans l'immeuble où l'attend le grand. Quand il ressort, il sourit et brandit un billet de dix euros. Son salaire. Si simple, si rapide. C'est rassurant d'être payé dans la foulée. C'est tangible. Vendre des pochons pourrait me rendre moins pauvre. Je pourrais aider Papa et Mama en faisant des courses. M'acheter des nouvelles chaussures. Aller au cinéma. Devenir quelqu'un. Être respecté par tout le monde.

Bouton rouge.

– Grand Sikou, c'est quoi être un homme ? C'est se faire son argent ? Est-ce que je dois vendre, moi aussi ? Et Grand Sikou, tu penses qu'on aura le droit à l'amour un jour ?

Matin.

Je me prépare pour aller en cours. Mama est déjà assise dans le salon. Elle grimace en bougeant les jambes. Elle me demande de lui masser les pieds.

– Mais jamais de la vie je ferais ça ! T'es pas sérieuse toi. Pour qui tu me prends ? Je rêve !

Elle me parle, mais je ne saisis pas tout. Je comprends que je suis ingrat. Que le paradis se trouve sous ses pieds. Qu'un jour, je le regretterai. Je ne la calcule pas et je descends rejoindre mes potes. On va au collège en bande. On remonte la rue du Rhin, perpendiculaire à la nôtre. Mon meilleur ami du moment s'appelle Ousmane. Il est très populaire. Très taquin. Ce matin, il m'envoie des piques. Il est fort pour ridiculiser. Les autres rient. Ça me touche et je suis déjà énervé. En réalité, je suis plutôt blessé. On continue de monter la rue et je m'embrouille avec lui.

– Ferme ta gueule ! Tu joues le malin toi !

– Ta gueule toi-même !

Sans vraiment savoir pourquoi, sans doute sous le coup de la colère qui maquille ma tristesse, je lui donne rendez-vous à midi, au parking. C'est l'endroit où ont lieu les bastons.

La sonnerie retentit à la fin du cours d'histoire-géo. Il reste une heure avant midi. Une heure avant le parking. Je ne suis plus du tout en colère. Ça fait tellement longtemps que je ne me suis pas battu. Impossible d'annuler, ce serait la destruction de ma réputation. Je ne ferais plus peur et tous les autres voudraient me tester. Me battre maintenant pour ne plus avoir à le faire ensuite. Voici l'horrible meilleur choix. Je vais devoir être violent avec toi, Ousmane. Pas le choix, désolé frérot.

J'essuie mes mains moites sur mes cuisses. Je devine l'impatience des mecs de la bande. Tout le monde saura comment Sikou se bat. À quel point il peut faire mal. Si on doit continuer d'avoir peur de son corps. Ces phrases tournent dans ma tête. Le public nous attend.

Sonnerie. Il est midi. Je prends le maximum de temps pour ranger mes affaires dans mon sac à dos. La classe se vide. Les gars me regardent avec un sourire de satisfaction.

On sort de la salle. Un attroupement s'organise. L'excitation collective est palpable. Mon cœur bat vite. Je regrette tellement. Dieu, aide-moi. Annule tout, s'il te plaît. Je serai ton plus fidèle croyant. Je le jure !

Devant la grille, j'aperçois Ousmane. Son regard est déterminé, mais je le ressens comme une mimique de comédien. Lui non plus ne veut pas se battre. Comme des condamnés à mort, on se dirige vers le parking. Je marche en silence devant les autres. On descend la rue du Rhin. J'espère un coup de théâtre. Un feu dans le parking.

L'entrée est au 36, rue Petit. La porte d'en bas est déjà ouverte. L'odeur reconnaissable du parking.

Un mélange d'essence, de pisse et de douleur.

La place qui accueille toutes les bastons est assez loin des sorties principales, au cas où des policiers arriveraient. Pas question de finir en garde à vue. Un cercle naturel s'organise. Avec Ousmane, on joue la partition. Nos sacs sur le sol, on se rapproche au centre. Deux scénarios sont possibles à ce stade. Recommencer à nous insulter pour nous mettre dans l'ambiance avant de nous frapper. Ou frapper, directement. Les autres regardent, silencieux. Personne ne doit séparer, à moins que ce soit grave. Autrement, les coups pleuvent. Et l'orgueil empêche d'exprimer la douleur. On souffre en silence. Nous sommes des gladiateurs des temps modernes. À la seule différence qu'il n'y a pas de mort et qu'on ne se donne pas en spectacle à l'extérieur. Ça doit rester entre nous maintenant. En sous-sol. On a compris que ça pouvait choquer les autres, qui ne sont pas du quartier.

Je choisis la seconde option en lui en mettant une. La musique est lancée. Il réplique. Pluie de patates de chaque côté. J'en prends quelques-unes. J'ai mal. J'en donne beaucoup. Je suis à la hauteur de la brutalité attendue. Il est affaibli. Je lui serre le cou avec mon bras. Il tente de répliquer, mais n'y arrive pas. Désormais, c'est de la lutte. Je préfère ça, c'est moins violent. Je le lâche et le repousse. Il est énervé et me fixe sans parler. Je suis électrifié. Ousmane, ne déconne pas. Je vois bien que tu veux arrêter toi aussi. Il continue de me regarder et vrille. Il fonce en furie vers l'extincteur, le saisit, tire la goupille, puis le pointe vers moi. Fumée blanche. Tout le monde s'enfuit.

J'en profite pour détaler également. Si heureux que ce soit terminé. Si heureux qu'il ait fait ça. Je cours et je pue l'essence, la pisse, et la douleur. Je pue les regrets. Désolé mon frère.

On a réussi sans se faire trop de mal, je crois.

Ce soir je suis avec Assane, mon pote beau gosse qui plaît énormément aux meufs du collège. On marche en discutant de la prochaine coupe de cheveux qu'on s'apprête à faire.

– On va passer de Mamadou à Williams !

Dans notre langage, Mamadou, c'est celui qui vient du bled. Qui n'est pas stylé. Qui a des cheveux crépus. Comme les nôtres. Mais après les avoir défrisés, on les aura lisses, à la Williams. Comme les Américains. Ceux qui sont beaux. Qui vont à la fac. Comme des célébrités : Denzel Washington, Will Smith. Les Noirs bien vus par les Français.

La boutique est tenue par un petit monsieur. Les produits sont derrière la caisse. Chacun une boîte. On tend nos sous avec une satisfaction mal contenue. À grandes enjambées, on se sépare près de nos immeubles respectifs. Demain, quand on se retrouvera, à l'école, on sera grandioses. Voilà ce que l'on se dit avec nos yeux.

Le soir, je suis obsédé par mes belles boucles. Des curly. Je me sens comme un serpent qui vient de faire sa mue. Face à la télé, je trépigne d'impatience à l'idée d'être demain et de les montrer.

Un bruit sec me sort de ma rêverie. À côté de moi, Mama ouvre des boîtes. Devant elle, il doit y avoir cinq ou six tubes. Tous les soirs, elle se badigeonne le visage de ces crèmes éclaircissantes. Elle se contemple ensuite dans le miroir, luisante. Elle rêve d'échapper à sa couleur de peau. Je la comprends, on dit que les personnes noires qui sont belles sont claires. Je crois que le produit est nocif. J'observe la tête de Mama, ça fonctionne. Mon regard descend sur ses mains qui, elles, sont toujours aussi noires. Depuis qu'elle a commencé le traitement, elle est souvent complimentée sur sa beauté. Mais plus elle s'éclaircit et moins je la reconnais, moins elle me ressemble. Je compare discrètement deux photos d'elle. Une prise il y a quelques années et l'autre récemment. La différence est flippante.

Elle me fait penser à Michael Jackson.

Elle est devenue obèse. Dix enfants. Son corps est fatigué. Le fauteuil sur lequel elle passe ses journées, à force, est creusé au centre. Parfois, elle ne sort pas pendant des semaines. Elle regarde les chaînes maliennes. Elle dévisage les chanteuses avec un sourire. Elle chantonne, timidement. Je crois qu'elle aurait aimé ça. Faire de sa voix un métier. Être plus jeune. Plus mince. Plus claire. Être comme Oumou Sangaré.

Depuis quelques mois, j'offre mes talents de négociation à des mecs du quartier. Pour un téléphone portable, un vélo volé, on vient me voir. J'observe le modèle, l'état, puis j'indique le montant auquel je peux le vendre. Une fois qu'on est tombés d'accord sur un prix, je vais au foyer. Il héberge des travailleurs immigrés peu fortunés. À son arrivée en France, Papa dormait dans l'un d'eux. Je commence par le dernier étage. Je toque à toutes les portes, puis j'entre. Aucune n'est fermée à clé. J'imagine que c'est une manière de reproduire la convivialité et l'hospitalité telles qu'ils les ont connues au bled. Certains d'entre eux sont intéressés, d'autres non. Je négocie un prix plus haut que celui que j'ai fixé. Si mon pote en veut quarante euros, alors j'essaie de vendre son téléphone soixante. Parfois, la marge est moins grande. Pour me faire des thunes, je travaille aussi au marché. Il faut y aller le matin, vers 5 heures, et proposer ses services à tous les stands. Tarif ridicule. Vingt-cinq euros pour sept heures de travail. En cash. Je les ferais en une heure au quartier, si j'acceptais de toucher à la drogue. J'aide à décharger le camion. À mettre le stand en place. À vider les cagettes. Réapprovisionner l'espace de vente. Virer les fruits pourris. Tout ranger.

En le faisant plusieurs fois, j'ai pu m'acheter un ordinateur sur Leboncoin.

Dans son bureau, la conseillère d'orientation ne dit rien, plongée dans mes bulletins de notes.

Elle me regarde dans les yeux.

– Vous êtes grand hein ? Combien vous mesurez ? Que voulez-vous faire, monsieur Coulibaly ? Ah, pardon, c'était le nom de celui d'avant. Monsieur Nia Ka Té. Footballeur ? C'est trop tard, non ? Non, je veux plutôt vous dire après la troisième. À l'école. Je regarde vos notes et elles ne sont pas bonnes. Vous devez aller en professionnel et apprendre un métier. Il y en a plein qui sont très bien pour vous. Vous êtes jeune, en forme. Vous avez de grandes mains. Vous avez l'air d'être aimable. Vous pouvez devenir plombier... mécanicien... Architecte ? Ça ne va pas être possible. Parce qu'il faut de bonnes notes. Aucun lycée général ne peut vous accepter, je suis désolée. Non, médecin non plus. Qu'est-ce que vous aimez faire ? Jouer au foot et faire la cuisine. C'est bien ça. Un BEP cuisine. Ça vous plairait ? C'était votre première idée ? Très bien, on va rester sur ça, c'est parfait monsieur Nia Ka Té. On va voir ce qui est possible. Oui, vous pouvez partir. Retournez directement en cours. Ne traînez pas dans les couloirs. Bonne journée.

Elle a conseillé les mêmes métiers à tous les autres mecs du quartier, même ceux qui ont la moyenne.

Moi, je ne désire qu'une chose, devenir footballeur. Je rêve de Manchester United. Du maillot rouge. Du numéro 7. David Beckham ou Patrice Evra. Je donne tout pour ça. Je joue au foot trois heures par jour minimum. Je suis fort. Excellent. Seulement, tous les mecs du quartier ont dans le cœur un club qu'ils aimeraient intégrer. Ils jouent autant que moi. Je suis en concurrence avec les meilleurs joueurs des endroits pauvres du monde. Dans lesquels devenir sportif de haut niveau est la seule possibilité de s'extirper de la misère sociale.

En attendant, il y a mon quartier, c'est tout ce que j'ai pour le moment. À l'extérieur, je suis une grosse déception. Un sans-avenir. On me le fait bien comprendre au collège. Ils disent que je suis en décrochage scolaire. Est-ce moi qui lâche l'école ou elle qui m'abandonne ?

Je vois bien, dans ma classe, qu'on n'a pas les mêmes chances. Les mêmes ressources à la maison. Simon a des parents diplômés qui l'aident. Ce n'est pas la même ambiance chez moi. Et l'école ne compense rien. Même programme pour tous. La locomotive est en marche. Si tu es lent, tu es lâché, en pleine vitesse.

À qui la faute ? Les profs aiment dire que c'est celle de Papa et Mama. Mais de quoi ils parlent, eux ? Ils ignorent que l'éducation que je reçois à la maison est encore plus stricte qu'ailleurs. Ils ne savent pas que je suis passé maître dans l'art de la double casquette. Qu'auprès de mes parents, à la maison, je suis docile. Que mes échecs scolaires apparaissent pour des incapacités intellectuelles. Que ma vie dans les rues leur échappe, car je suis le plus grand menteur. Je ne dis rien des mecs du quartier, des grands, des bastons, du danger, de tout.

En réalité, je n'y crois pas, à l'école. Je ne connais aucune personne noire qui s'en est sortie grâce à elle. Aucun politicien. Aucun avocat. Aucun médecin. Rien.

Je sens que la société me regarde étrangement. Nul à l'école, elle me murmure que je suis un futur allocataire des prestations sociales. Un poids pour elle. Je l'ai déçue. Elle veut me nettoyer au Kärcher apparemment.

Papa et Mama auraient espéré que je sois un bon élève, avec de bonnes notes, un diplôme, un CDI. Un avenir tracé et stable. Sécurisant. Mais je suis programmé à reproduire leur précarité. Je resterai pauvre et ça leur est insupportable.

Les seuls qui m'acceptent sont mes potes. Ils sont dans la même situation. Nous sommes les nuls. Les pas intelligents. Les dangereux. Ceux qui traînent en bande. Qui font du bruit. Du trafic. On ne trouve le salut et la sensation d'un regard bienveillant qu'entre nous. La bande. On m'y valorise, parce que je joue bien au foot. Parce que je sais me battre. Parce que je suis un bon ami.

Il y a aussi les grands. Ils vivent dans le même espace que le mien. Ils ont la même gueule que la mienne. Ils ont vécu la même trajectoire. Ils sont respectés. Un jour, je deviendrai comme eux. Je sens ce qu'ils ressentent. Ce goût amer. Celui d'être un rejeté. Un mal-aimé.

Dans l'ombre de la France. Le bleu-blanc-rouge a honte de nous. Alors on se drape d'un autre drapeau. Celui du quartier. C'est tout ce qu'on a. On est prêts à se battre pour le défendre.

– Carter ! Carter ! Cawter !

Pierre m'appelle ainsi depuis quelque temps. On m'a filé un maillot de football américain portant ce nom. Apparemment, il me va bien. Je le porte aujourd'hui. Tournoi de foot au stade. Tout se passe bien jusqu'au moment ou deux mecs du quartier viennent nous voir. Ils sont un peu amochés. Apparemment, ils se sont embrouillés avec une autre bande aux Buttes-Chaumont. La partie s'arrête. On se met en tête d'aller les voir pour leur demander des explications. Pendant le trajet, je regarde le groupe. Une vingtaine. Je stresse. Mais c'est la règle. Être solidaire et présent pour les autres gars. Savoir taire son individualité pour le bien commun.

On rôde dans le parc en les cherchant. Merde. Une immense troupe court dans notre direction. Ils sont au moins cinq fois plus nombreux que nous. Certains ont des casques de moto en main. On ne s'enfuit pas, bien que l'envie soit là. Face à nous, les provocations débutent. Je suis en première ligne et je reconnais devant moi David, un gars du collège. Je tente de le saluer pour apaiser la tension.

– Non non Sikou. Dans cette situation, on n'est plus potes. On n'est plus rien.

Mon cœur s'arrête.

Les premiers coups.

Je cours, comme tous les gars de ma bande. Un grillage se trouve sur mon chemin. Il ne m'arrêtera pas. Mon saut est puissant. Dans les airs, j'ai l'impression que le monde s'arrête. Caché dans des buissons, j'attends que le bruit passe. J'enlève mon maillot que je porte à la main, pour ne pas être reconnu. Mes poumons m'ont abandonné. Une faille de l'autre côté. Je m'échappe en pensant à la suite. Le quartier ne voudra pas s'arrêter à ça. David, de nouveau face à moi, avec plusieurs gars. Ils me reconnaissent. Je cavale. Le sol me fait un croche-patte. Mon Carter m'échappe et reste à terre.

Le soir, allongé dans mon lit, je pense à ce surnom que j'aimais tant et que je ne porterai plus dorénavant. Ça m'attriste beaucoup.

Ça part souvent d'un geste insignifiant. Un échange de regards trop long entre deux inconnus. Une dispute durant un tournoi de foot. Une histoire de business qui tourne mal, l'un des gars a voulu arnaquer l'autre. Un frère qui ne supporte pas que sa sœur fréquente un mec. Il se met en tête d'aller régler son compte. Au départ, c'est toujours une histoire personnelle. Un individu du quartier A est en embrouille avec un autre du quartier B. Ensuite, le même individu du quartier A et sa bande sont en embrouille avec celui du quartier B et sa bande. Et pour terminer le quartier A est en embrouille avec le quartier B. Il faut faire attention quand on vient de l'une de ces deux zones. On peut être reconnu dans la rue ou sur les réseaux sociaux. On peut être agressé partout, même si on n'a rien à voir avec l'histoire. Alors, on reste en groupe. C'est mieux pour se défendre. On joue le jeu. On s'adapte. On ne montre rien. Mais je crois que tous les gars du quartier ont un masque qui cache la solitude. Le mien est lourd. Il se confond avec mon visage. Il prend toute la place. Enfermé. Je crie, mais personne ne m'entend.

La dernière fois, j'ai entendu le mot « traumatisé » à la télé.

C'est sans doute ça. Je le suis peut-être depuis que je n'ai plus le droit aux larmes et à la douceur.

On l'est tous. Mais je sais qu'on n'en parlera jamais.

Les blessures, au quartier, doivent être visibles. Sur le corps.

Si elles sont mentales ou émotionnelles, ce sont des caprices. Elles n'existent pas.

Ici, tu es fort ou faible.

Tu es normal ou fou.

Tout le monde cache sa blessure intime. On en a tous honte.

Où vont toutes les larmes qu'on ne pleure pas ?

Elles coulent peut-être en nous. Elles traversent nos pieds et s'engouffrent dans le sol.

Elles se retrouvent toutes sous nos immeubles. Elles forment un lac qui nous appelle, qui nous crie de le regarder, de l'accepter, mais on ne l'entend pas. Alors le lac bout de colère.

Les immeubles chauffent.

Le quartier est une cocotte-minute prête à exploser.

Un pote du quartier, le seul qui fait du basket, me traîne au gymnase. Parfois, je mets des paniers dans les poubelles publiques avec un ballon de foot. Aujourd'hui, il y a une détection. L'équipe de mon ami est déjà constituée, mais il manque quatre joueurs pour l'équipe 2. Le club est réputé dans Paris, une trentaine de mecs espèrent faire partie des chanceux. Le niveau est élevé. Exercices physiques. Endurance. C'est chaud, mais je tiens la cadence. Ensuite le match. L'idée est de repérer qui sait vraiment jouer. Les gars tentent de se démarquer en faisant usage de style. Dans mon incompétence, je me contente de recevoir les ballons et de faire des passes. Mais en défense, avec ma taille et ma détente, je bloque pas mal d'initiatives adverses.

L'entraîneur choisit rapidement les trois meilleurs types, puis marque un temps d'arrêt. Il observe tout le monde, silencieusement. Arrivé à ma hauteur, il me pointe du doigt.

Joie d'être choisi, vertige de ne pas être à la hauteur.

Dès les premiers entraînements, pour esquiver les vestiaires collectifs, je me débrouille pour arriver avec dix minutes de retard. Mon excuse : je termine tard les cours. J'ai débuté il y a quelques mois un BEP cuisine dans une école d'hôtellerie. On doit s'y rendre en costard-cravate tous les jours. Ils disent que c'est pour nous préparer à la réalité du monde professionnel. J'adore ça. J'ai un alibi parfait pour m'habiller comme un adulte.

Je ne peux pas payer la licence annuelle de cent cinquante euros du club. Alors, ils m'ont demandé en échange de faire la feuille des matchs du week-end. Ça consiste à comptabiliser tous les points et les fautes de chaque joueur durant la partie. Je le fais avec grand plaisir. Ça me permet de passer plus de temps au gymnase.

J'assiste à tous les entraînements de l'équipe première. J'y rencontre Farouck.

Il est tout ce que je voudrais être. Il est incroyablement doué, beau, musclé. Il plaît aux meufs. Il a déjà une vie sexuelle très dense. Tous les mecs veulent être amis avec lui.

Il m'invite en soirée chez sa meilleure amie pour le nouvel an. J'accepte sans savoir à quoi m'attendre.

Le soir du réveillon, je prends une longue douche. Je vaporise la moitié du flacon de déodorant sous mes aisselles. Je repasse mes vêtements. Je mange un plat de mafé pour pouvoir dire non, si on me propose à manger. Que ma présence ne représente pas un coût, une gêne. Après m'être lavé les dents, je sors de chez moi. Je stresse. J'ai l'impression de passer un entretien d'embauche. J'espère que je deviendrai son pote, qu'il m'invitera une deuxième fois. Je marche vite. L'air est parfait. C'est à dix minutes de chez moi. Je sonne, on m'ouvre. Je suis attendu. Dans l'ascenseur, je me scrute devant le miroir. Tout est clean. Cinquième étage. La porte est ouverte. Farouck m'accueille.

– Sikou ! Ça va ? Sois le bienvenu. Tiens, va dans le salon, sers-toi un verre.

Fais comme chez toi mon gars.

À l'intérieur, je salue les autres mecs du basket que je connais. Il y a des filles. Je suis impressionné. Je me dirige vers la table pour me servir un verre. Je suis venu les mains vides. Merde ! Je ne bois pas d'alcool. J'improvise un cocktail à base de jus de fruits. L'un des gus du groupe qui me regarde s'imagine que ça doit être très bon avec de la vodka. Il me demande de lui faire ses verres pour la soirée. Enfin, j'ai une utilité.

La fête suit son cours. Je ris avec les gars, avec les meufs que je rencontre. Je suis dans mon élément. Je me demande comment j'ai pu passer autant de temps loin de ce monde. De ce genre de moment. De ces légèretés. J'ai l'impression d'être chez moi. Comme si j'avais été en exil toute ma vie, à la recherche de ma maison. La fête se termine au petit matin. Je salue les derniers courageux encore présents. Avant de se quitter, Farouk vient me parler.

– Sikou, c'était cool ce soir hein ? T'es un bon. À partir de maintenant, pars du principe que tu fais partie de la bande. Tu viens nous voir quand tu veux. Tu as mon num.

Je rentre chez moi. Je suis léger, comme libéré d'un poids.

On se retrouve de plus en plus souvent avec Farouck. Il est le meilleur du club et me donne des conseils pour améliorer mon jeu. Depuis quelque temps, on n'a plus besoin du basket pour se voir. Je lui envoie un message et je passe chez lui. Il vit dans un logement social, comme le mien. Je m'y sens bien. Sa mère est généreuse et me propose chaque fois de rester manger. Je surprends régulièrement Farouck en train de se regarder dans le miroir, torse nu. Je le comprends. Il a un corps extraordinaire. Il prend soin de lui, de son visage. Aujourd'hui, il m'apprend à faire la même coiffure que la sienne. Cheveux défrisés, on plaque la première ligne sur le front à l'aide d'un gel très résistant. Avec un peigne, on trace les contours. J'observe la façon dont il s'habille. Il faudrait que j'essaye de reproduire la même chose. J'ai l'impression que toutes les portes lui sont ouvertes. Il est le Noir parfait, celui qui peut sortir du quartier.

Je me masturbe tous les jours depuis quatre ans, avec tout ce qui peut me servir de lubrifiant. Huile de tournesol. Crème hydratante. Salive. Branlettes. Éjaculations. Encore. On m'a dit que ça faisait grandir le sexe. Pourtant, je ne vois aucune évolution.

Dans la bande de Farouk, seul Julios est encore vierge. Peut-être qu'il complexe de son sexe ? Il sort avec Violette. Elle non plus ne l'a jamais fait. Ils s'aiment. Les gars lui répètent qu'il doit coucher avec elle. Je sens la pression du groupe monter. Un soir, dans un salon, nous jouons aux cartes et buvons. Lui est dans l'une des chambres avec sa copine. La musique couvre tout bruit. Les minutes défilent, la porte de la chambre s'ouvre. Il a remis un tee-shirt. Pour le reste, il est nu. Son sexe est immense et luisant. Tous les mecs le félicitent.

Désormais, je suis le seul de la bande à ne l'avoir jamais fait. Ils ne le savent pas. Je leur ai dit que j'avais déjà couché avec une meuf de Bobigny.

Peut-être que Julios n'avait pas envie de faire sa première fois, là, avec Violette ? Peut-être qu'elle non plus ?

Comme souvent l'été, on fait un pique-nique nocturne. Chacun met l'argent qu'il peut, on fait les courses au supermarché puis on s'installe dans le parc d'en bas ou à la Villette. Ce soir, il y a dans l'air une petite mélancolie collective. Farouck part vivre à Londres avec sa famille. Je suis vide. Il est mon monde depuis six mois. Tout ce que je fais, je le fais pour lui ressembler. Qu'est-ce que je vais devenir sans lui ?

On rit beaucoup sur cette pelouse. Il y a des meufs. Chacun tente de tirer son épingle du jeu. Je regarde Farouck sans qu'il s'en aperçoive. Je me suis aimé à être proche d'un mec aussi génial. Je l'admire autant que je le jalouse. Entre des millions d'euros et être comme lui, je crois que je renonce à l'argent.

Un jour, je le retrouverai en Angleterre.

Ces derniers mois, je me suis rapproché d'un autre mec, Léo, qui joue au club. Tous les jours à midi, après le stage intensif de basket, on allait chez lui pour manger. On faisait des pâtes avec une tonne de beurre et tous les fromages qu'on trouvait dans le frigo. C'est un mec très sympathique qui, sans le savoir, m'impressionne par son intelligence.

Il habite près de chez moi, mais vient d'un milieu bien différent du mien. Son père a fait une grande école d'administration. Il a déjà travaillé avec Jacques Chirac.

Léo est extrêmement drôle. Je pense qu'il a développé cette qualité pour compenser le fait qu'il est un peu rond. Tout, dans sa bande, s'organise autour de lui. Il est très ami avec plusieurs filles. Il est invité chaque week-end en soirée appart. Il m'y invite souvent. Tous ceux que j'y rencontre sont en lycée général. Ils fument des clopes, boivent de l'alcool, s'embrassent, font l'amour. Aucun ne vient de la pauvreté. Du quartier.

Ce soir, j'accompagne Léo au supermarché. Il a dans sa poche la carte de crédit de ses parents. On navigue entre les rayons. Il choisit des produits sans regarder le prix. Les mêmes articles devant lesquels je me suis souvent répété : « Le jour où je serai riche… » Le chariot se remplit rapidement. On prend des Schoko-Bons et un Yop fruits rouges pour nous.

En marchant vers le Conservatoire histoire d'y déguster nos sucreries, il me reprend sur le « si j'aurais ». Il faut dire « si j'avais ». Il m'explique ce qu'est un pléonasme, une hyperbole. Je l'écoute me parler et je comprends que mon français est limité. Qu'une langue m'échappe, celle du monde de Léo, étudiant en littérature, celle du monde bourgeois, celle des sphères de pouvoir. Celle que je dois apprendre si je veux avoir l'espoir un jour de ne plus être pauvre.

En rentrant chez moi, je salue les mecs en bas du bâtiment.

Une fois à l'intérieur, je referme la porte et j'observe le hall.

Logements sociaux.

La vitre de la porte est brisée. Je visualise les immeubles haussmanniens que je fréquente depuis peu. Une immense honte m'envahit. Celle d'être enfermé ici.

Je respire fort.

Je n'arrive pas à avancer. Mon corps me dit qu'il en a marre. Qu'il veut l'ailleurs. Il a goûté le nectar, c'est trop tard. Il me crie que Paris m'appartient aussi. Que je peux quitter le quartier. Que le monde extérieur ne va pas me manger. Qu'il ne va pas se moquer de moi.

Je ressors et je me dirige vers les Buttes-Chaumont. Le parc est fermé. Je grimpe et je m'y introduis. Je me rends dans mon antre. C'est la première fois que j'y reviens depuis des mois.

Je saisis mon enregistreur et je m'accroupis contre l'arbre.

J'appuie sur le bouton rouge.

Je veux crier de toutes mes forces, mais j'ai peur de ne jamais m'arrêter. Je reste silencieux. Je pense à la honte d'inculte que je viens de ressentir. Plus jamais.

Je dois échafauder un plan. Imparable.

– **Regarder toutes les séries en version française.**

– M'arrêter sur chaque mot que je ne connais pas.

– Lire la définition en essayant de la comprendre.

– Utiliser ce mot dans une phrase. À l'écrit, puis à l'oral.

– Apprendre à parler lentement, comme Léo et sa bande.

– Arriver à leur hauteur.

– Les surpasser.

Je sors du métro pour aller en cours. Il a neigé toute la nuit. On aurait dit que des poèmes tombaient du ciel. La ville est blanche. Malgré le verglas, je marche sans prudence. Je fais confiance à mes chaussures de ville antidérapantes. Achat imposé par l'école. Je me sens mal réveillé. Flemme. Je glisse. Mon crâne sur le verglas, tout comme mon costard. Je dois me lever, vite, c'est la honte. Mais je reste allongé, sans vraiment savoir pourquoi. Le ciel est gris. L'humidité pénètre progressivement mes vêtements. J'ai froid, la glace me réveille. Qu'est-ce que je fous ici, dans cette tenue ? Dans cette école ?

Je me lève et je reprends le métro dans l'autre sens.

J'ai passé toute la journée devant mon ordinateur à jouer à Dofus en ligne. J'ai une faim monstre. Mama prépare de la viande aux oignons. Je lorgne la baguette entière posée à côté de moi.

C'est bientôt l'heure de la coupure du jeûne du ramadan. Je vais dans la cuisine me faire une assiette, mais Mama refuse. Elle ne veut pas que je prenne tous les meilleurs morceaux, il faut penser aux autres. Devant la marmite, elle m'empêche de me servir. Je retourne à ma place, manger mon pain, en ruminant. Elle revient s'asseoir au salon. Elle me regarde, elle paraît triste. Elle m'ordonne d'aller me servir, mais je refuse, trop tard. Elle pleure. Je sors.

Le lendemain après-midi, je croise mon père.

– Sikou. Ta mère n'a pas dormi. Elle a pleuré toute la nuit parce que tu ne voulais pas manger sa cuisine. Elle m'a forcé à acheter de la viande aujourd'hui. Elle va en faire juste pour toi. Si tu ne manges pas, tu auras des problèmes.

Aujourd'hui, on déjeune avec Léo et sa mère. C'est la première fois de ma vie que je vais au restaurant. Ça a l'air tellement naturel pour eux.

Elle m'impressionne, mais elle est très sympa. Elle me questionne sur mon BEP. Je lui raconte que j'adore cuisiner et qu'un jour, peut-être, j'ouvrirai mon propre lieu.

Je les observe discuter et rire ensemble. Tous les sujets sont abordables. Ils parlent de l'école, de meufs, du monde.

Mon plat arrive, j'ai pris une bavette et des frites. Ça doit me caler le bide, être rentable. Quand je prends le pot de poivre et que j'essaie d'en mettre sur ma viande, rien ne tombe. Je tente de nouveau, mais ça ne marche pas. Je bloque. La mère de Léo me dit qu'il faut tourner le mécanisme pour broyer les grains. Les moudre. Je ne connais même pas ce verbe. Je vois les points noirs tomber dans mon plat. J'ai honte de ne pas avoir su. Elle me demande comment je fais dans mon école. Comme chez moi, il est déjà en poudre. Elle acquiesce et passe à autre chose. Je fixe mon assiette, l'appétit contrarié.

Le soir, au supermarché, je m'attarde au rayon des condiments. J'observe les différents poivres. Ceux avec un mécanisme qui tourne coûtent bien plus cher. Jamais je ne les avais remarqués avant. Je me suis toujours contenté de prendre le premier prix, en bas du rayon. C'est peut-être ça la différence entre Léo et moi. On n'a pas la même perception. Lui peut regarder tout le rayon. Tout lui est accessible. Moi, je n'observe que ce que je peux acheter. Ce que je peux avoir. Je dois encore apprendre à moudre.

Je suis dans le métro à jouer au jeu Snake sur mon Nokia 3310. Il est gros et à l'ancienne, mais je l'aime bien pour la durée incroyable de sa batterie. On s'arrête à la station Jaurès, sur la ligne 2. Un groupe entre dans ma rame, avec un drapeau sur lequel il y a la tête du nouveau président élu des États-Unis.

– Obama ! Barack Obama !
– Enfin !

Ils sourient tous. Ils sont heureux.

Ça doit être la dixième fois que je vois des personnes noires crier leur victoire concernant cette élection. Mais il ne s'agit pas de la politique française.

Pourquoi sont-ils aussi fiers ?

Je vois dans leurs yeux qu'ils ont grandi avec la même croyance que la mienne, tellement puissante, qu'on est moins intelligents quand on porte cette couleur de peau. Que les postes dans les sphères intellectuelles ou de pouvoir nous sont inaccessibles. Que jamais nous ne verrions un président occidental noir de notre vie. C'était inscrit partout à l'intérieur de nos esprits.

Mais depuis quelques jours, il y a une brèche. Un bug dans ce système qui nous condamne en incapables.

Depuis quelques jours, on peut regarder les enfants aux corps foncés, qui ont appris très tôt à ne pas croire en eux, pour leur dire que le monde et l'avenir nous restent mystérieux. Pleins de surprises. Que l'espoir, qu'on a l'habitude d'étouffer, mérite peut-être de respirer en nous.

En ce moment, je fais un stage en cuisine dans un grand hôtel parisien. C'est obligatoire pour valider mon BEP. Ce sont les profs qui ont décidé des affectations et je suis flatté d'être ici. Avec moi, il y a un autre stagiaire qui vient d'une école plus réputée de Paris. Je me trouve meilleur que lui, en connaissance et en pratique, mais, j'ignore pour quelle raison, lui a le droit de préparer les sauces. On lui montre la carte, les plats. Il essaye d'en réaliser certains. L'équipe est sympa avec lui, patiente. Moi, on m'emploie seulement à la découpe de légumes au sous-sol, plutôt que dans la cuisine principale. Je ne comprends pas. Les jours défilent, c'est peut-être bientôt mon tour, mais rien ne se produit. Plus le temps passe, plus je découpe, et plus il apprend. J'en parle avec le responsable des desserts qui admet que c'est injuste. Quelle est la différence entre lui et moi ? L'autre stagiaire est blanc. À partir de ce moment-là, et voyant la fin de stage arriver, je décide de ne plus y aller. Les profs me convoquent. Dans le couloir du lycée, j'entends l'un d'eux dire qu'il faut me remonter les bretelles. Je ne sais pas ce que ça veut dire, mais je sens que ce n'est franchement pas cool pour moi. Dans la salle, ils me demandent d'emblée ce qui se passe. Suis-je au courant que je risque de ne pas obtenir mon année ? Pendant que je leur raconte, ils se regardent silencieusement, ne disent rien. L'un d'eux baisse un peu la tête, désolé.

– On va vous trouver un autre stage pour le nombre de jours qu'il vous reste à effectuer.

Je sors du lycée, surpris de leur réaction. Peut-être que ce n'est pas la première fois. Qu'ils savent que ça existe, que je n'y suis pour rien. Elle fait du bien, cette reconnaissance.

Léo vient me chercher au quartier. On a prévu d'aller à une soirée appartement. Au moment où je le retrouve en bas, nous croisons Papa. Impossible de l'ignorer. Je le salue rapidement et je les présente. Mon père porte un costume trop grand pour lui. Je l'observe saisir avec ses deux mains celle de Léo en l'appelant Capitaine.

Cette image me fait mal.

En marchant, Léo me raconte qu'un de mes potes du quartier l'a interpellé pendant qu'il m'attendait. Il a eu physiquement peur de ce gars qui lui reprochait, avec agressivité, de m'avoir volé à eux.

À la soirée, je parle avec tout le monde. Je pense que j'ai développé cette compétence en faisant la manche quand j'étais petit.

Je me sers un verre. Je me suis mis à boire un peu depuis quelques mois. Je rejoins une conversation animée dans un coin du salon.

– Mais non, ce n'est pas machiste de dire ça. C'est factuel. Cite-moi des grandes figures féminines aussi importantes que les masculines dans l'Histoire ?

– Tu es stupide de raisonner comme ça ! À l'époque, les femmes n'avaient pas la possibilité de briller. Elles étaient assignées à des tâches domestiques. Et quand elles arrivaient malgré tout à produire un travail intellectuel, on le leur volait en racontant que c'était celui d'un mec.

– Michel-Ange. Einstein. Freud. Nietzsche. Mozart. Et je peux continuer longtemps. Cite-moi des équivalents féminins ? Vas-y.

D'autres filles rejoignent le groupe.

– C'est quoi l'histoire ?

– Rien, ce débile dit que les hommes sont plus intelligents que les femmes parce qu'il y a plus de grandes figures historiques masculines que féminines.

– Mais non ? Tu es sérieux ? Tu es à côté de la plaque.

– Oui oui, bien sûr. Rassurez-vous comme vous le souhaitez…

Je regarde les gars autour. Dans leur silence, je pense que plusieurs d'entre eux sont d'accord. Plus je m'engouffre dans ce milieu et plus le mépris des hommes vis-à-vis des femmes me frappe. Il est plus intense qu'au quartier, malgré les apparences. Quelle déception.

Plus tard, sur le balcon, je sympathise avec trois mecs que je ne connais pas. Ils parlent des meufs de la soirée.

– Oui, elle, c'est fait.

– Mais non, tu l'as pécho ?

– Bah oui mon gars, trois fois.

– Enfoiré !

– Ce soir, je veux Charline. Je pense qu'il y a moyen. Elle me regarde grave.

– Tu veux toutes te les taper, c'est irréel. Tu es à combien de meufs là en tout ?

– Soixante-quatre. Et vous ?

– Ah t'es un bon, moi quarante-sept.

– Vingt-six de mon côté. Je table dans la qualité, les gars.

– C'est vrai qu'il ne serre que des avions de chasse.

– En vrai, quel que soit le nombre, on fait partie des mecs qui plaisent.

– Ouais, on est le haut du panier.

– Et toi, Sikou c'est ça ? Tu es à combien ? Tu dois grave les enchaîner.

– Arrête, dis la vérité.

– Mais comment ça, ce n'est pas ton délire ?

C'est quasiment chaque fois pareil. Le monde en dehors du quartier n'est pas aussi rose que je l'imaginais. Le masque existe bien ici aussi, seulement il prend une autre forme.

Je coupe court en allant prendre un autre verre. Devant la grande table sur laquelle sont entreposées toutes les boissons, je rencontre un gars.

– T'es un pote de Roxane ? OK. Je me disais, elle ne m'a jamais parlé de toi. Moi c'est Danny, enchanté. Tu viens d'où ? Non non, pas sur Paris. Je veux dire, tu as bien des origines, ça se voit. Du coup tu viens d'où ? Ah le Mali, super super. J'adorerais y aller. J'ai fait le Sénégal et la Côte d'Ivoire, c'était génial mec. La générosité des gens alors qu'ils n'ont rien. Leur simplicité. Ils sont tellement gentils.

Je ne me suis jamais autant rendu compte de ma couleur que depuis que je fréquente ce monde que j'ai tellement désiré. Ce Paris plus riche. Plus bourgeois. Au départ, je fermais les yeux, mais je crois que je n'y arrive plus.

Je me balade à l'étage. L'appartement est somptueux. Des poutres au plafond. Ça doit être fou de grandir ici. Forcément ça donne un autre rapport au monde.

Des gens discutent dans la salle de bains. Je les rejoins. Il y a un gars un peu rond, grand sourire et une putain d'énergie. Il s'appelle Gab. Je ne saurais dire pour quelle raison, mais je me sens connecté à lui. Il est en école de cinéma pour devenir réalisateur. Il saisit sa guitare et chante « Matilda » d'Alt-J. Je le sens, on deviendra potes, lui et moi.

Une arrière-cour où on se retrouve souvent avec Léo et la bande. Ils sont très sympas. Mais le décalage perdure. Je me suis construit sans faille, sans larmes. Sans émotions. Eux sont plus sensibles. Ils évoquent ce qu'ils ressentent. À leur contact, je m'ouvre parfois, mais avec prudence. Mon coffre est tellement plein que j'ai peur du tsunami. Je ne suis que la partie visible de mon iceberg émotionnel, mais c'est déjà dix pour cent de plus qu'avant. Ils ne savent pas se battre. Ils aiment se voir, fumer des joints ensemble, parler des meufs du lycée, et tenter de les séduire. Ils seraient incapables de supporter une semaine au quartier. Ils se feraient bouffer tout crus.

Je les envie pour leur liberté. Je crois que j'aurais aimé être un petit Blanc qui grandit dans une famille confortable où tout est possible, y compris être soi-même.

Un des mecs reçoit une nouvelle par message. Michael Jackson est mort. Ça nous fait un truc.

Comme si c'était un proche. On est tous touchés. Mélancoliques. Les gars fument en silence. Soudain, l'un d'entre nous allume un bout de carton et le dépose au sol. Intuitivement, les autres font de même en y ajoutant des morceaux de bois et journaux qu'on trouve à proximité. On regarde le feu se consumer en se disant qu'on le fait pour Michael.

Ma carapace est inutile ici. Elle n'a aucune fonction. Au quartier, on avait tendance à se pousser, à comparer nos forces en essayant de dominer l'autre physiquement en faisant des corps à corps. Léo et la bande ne sont pas très physiques, autant dans la corpulence que dans le comportement. Je suis dans la retenue avec eux, je risquerais de leur faire mal. De passer pour un violent. Ils ne comprendraient pas. Pourtant, ils sont allés dans le même collège que moi. Ils connaissent ma réputation. Je dois les rassurer, leur montrer que je suis sympa. Que rien ne leur arrivera. Je pourrais même les défendre, s'ils le veulent. Je suis prêt à tout pour être accepté.

À mesure que je les fréquente, je découvre un Paris que je ne connaissais pas. On fait la fête deux ou trois fois par semaine. Les appartements sont incroyables. Eux ne semblent jamais surpris par toutes ces moulures. Je bois de plus en plus. J'assiste à des débats enivrés autour de concepts philosophiques appris en cours. C'est aussi intense qu'un tête-à-tête au quartier. Ce sont des bagarres avec les mots. Le physique ne sert à rien. Il faut s'armer de culture. De mépris. De mauvaise foi. D'orgueil. C'est ça être un homme, ici. Pouvoir dominer intellectuellement les autres.

Je rencontre des personnes intéressantes. On me dit que je le suis aussi. Des parties de moi insoupçonnées se dévoilent. Je m'intéresse au monde politique. Aux grands auteurs que je ne lis pas. Je n'ai jamais autant aimé ma vie. Mais je n'ose toujours rien avec les filles. Les gars de la bande ont des relations sexuelles. Des copines. Ils goûtent au plaisir des baisers. Des suçons. Des mains qui s'entrelacent. Je les envie. J'aimerais être le copain de quelqu'un. Mais je me suis assigné à la friendzone.

Je viens d'avoir mon BEP. J'ai décidé d'arrêter la cuisine, je ne m'y sentais pas à l'aise. Je ne sais pas si c'est ma couleur de peau, mais quelque chose cloche dans ce milieu. Les longs regards. Les silences. Les sourcils qui se froncent. Ce sentiment de supériorité des hommes sur les femmes. Ce besoin d'autorité incroyable. Le *oui chef* m'emmerde profondément.

J'ai expliqué à la dame du bureau des élèves ratés que je voulais aller à la fac. Je rêve d'être dans un campus comme aux États-Unis. Mais pour l'université, mon BEP ne suffit pas, me répond-elle. J'ai dû me résoudre à m'inscrire en bac pro services en deux ans. C'est pour apprendre à accueillir et servir un public. Je sens tout de suite le foutage de gueule, mais j'y vais en pensant à la fac ensuite. Depuis ma rencontre avec Gab, j'ai pris le temps de réfléchir pour la première fois à ce que je désirais et non à ce que je pouvais faire. Des films. Je veux devenir réalisateur, comme lui, raconter des histoires et émerveiller. Choquer. Inspirer. C'est l'option que je demanderai. Cinéma.

Léo passe son bac général littéraire cette année. Il l'aura à dix-huit ans.

Moi, j'aurai mon bac professionnel à vingt ans.

J'esquive au maximum les cours.

Quand on me demande ce que je fais, je continue de dire que je suis en école de cuisine pour devenir chef. Les gens trouvent ça admirable. D'un coup, la voie professionnelle n'est plus dévalorisante.

Nous sommes partis en week-end dans la maison de campagne d'un pote de la bande. Anniversaire. Il fait bon. L'ambiance est très agréable. Chaque matin, dans un plaisir de vacances, je me prépare un ti-punch. Ici, je peux être alcoolique.

L'heure du repas. On est à table, tous ensemble.

– Sikou, tu sais nager toi, non ? Bah ouais, c'est les renois ça. Je ne sais pas pourquoi vous avez un problème avec l'eau. C'est comme le nageur noir aux JO. Celui qui a nagé seul. Mythique ! Un vrai blédard. On aurait dit qu'il allait se noyer. Même à dix ans, j'aurais été plus rapide.

– C'est pour ça que Sarkozy a parlé du Kärcher. Il sait qu'ils ont peur de l'eau.

Ça me saoule. Je veux leur dire d'arrêter, mais j'ai peur d'être incompris. Alors silence. C'est ça maintenant. Ils sont la représentation de la société. Avant eux, j'étais enfermé au quartier. Depuis que j'en suis sorti, je me rends compte que je suis un Noir. Je dois tout changer. Tout.

Terminé les casquettes.

Terminé les joggings.

Terminé les maillots de foot.

Terminé les baskets.

Je dois devenir un Noir différent des autres.

Je vais acheter des chaussures de ville. Des bottines.

Des chinos.

Des pantalons.

Des chemises.

Des chapeaux.

Des bérets.

J'arborerai un sourire constant pour rassurer. Le message sera clair.

Je suis grand et noir, mais je suis gentil et non-violent.

Regardez mon chapeau.

Regardez mon absence de jogging.

Regardez comme je parle bien français.

Regardez comme je suis différent des Noirs du quartier. Ceux qui vous font peur.

Regardez, je ne suis pas un Noir dangereux.

Regardez, je suis un Noir exceptionnel.

Le soir, les yeux au plafond, je pense aux gars qui m'entourent. Ils ne se doutent pas de tout ce qui se joue en moi. J'ai dû les étudier, profondément, pour essayer de me rapprocher d'eux. Pour leur ressembler. J'ai dû m'adapter pour survivre dans cette bande. Dans ce petit Paris. Dans cette société. Jamais le subterfuge ne doit être démasqué. Je suis en exil intime.

Je suis apatride.

Cent vingt mètres. Quatre-vingt-dix. Cinquante. Trente. Dix mètres. Elle passe juste derrière moi. Elle continue en s'éloignant. Vingt mètres. Cinquante. Cent vingt. Sirènes. Je les entends toujours. Je les repère. À notre table, en terrasse, personne d'autre que moi ne semble avoir remarqué le passage de cette voiture.

Je rentre chez moi. Le ciel est bleu. Il fait bon. Je passe par une rue pleine de graffs. Au loin, une voiture de flics s'arrête. Mon cœur se met à battre fort. La rue est vide. Aucun témoin. En face du véhicule, un homme noir est assis sur le trottoir, une bière à la main. Je ne l'avais pas vu. Les policiers s'avancent vers lui et lui demandent de se lever. Contrôle. Je me demande ce que cet homme a fait de mal. Il semble détendu, habitué.

Plus je m'approche, mieux je les vois. Parmi les gens en uniforme, il y a un homme qui a la même couleur de peau que celui qui est contrôlé.

Je regarde ses mouvements. C'est le plus virulent. Mon cœur sensible me souffle qu'il doit être dans une violence intime profonde. Mon cœur politique comprend qu'il est lui aussi un opprimé. Le reste de mon cœur lui en veut si profondément. Il légitime l'ordre en place. Il donne une autorisation implicite à ses collègues qui doivent se dire : si même lui se permet de le malmener, alors nous, c'est open bar. J'aimerais le fermer définitivement, ce putain de bar. Shot après shot. Shoot après shoot.

Leur virilité d'uniforme est heureuse de dominer celle, sauvage, qu'on incarne malgré nous. Ils se sentent plus grands, plus forts. Ils se racontent qu'ils protègent le pays.

Mais en réalité, la France, ils la fracturent.

Fais attention, corps contrôlé. Laisse-toi faire silencieusement. Si tu fais un pas de côté, tu risques de perdre la vie. Et je ne pourrai rien pour les empêcher.

Nous sommes dans le même bateau.

Nos voix sont inaudibles.

Silence pour survivre. Pour ne pas exploser.

Silence racial.

Quand j'arrive à leur hauteur et que je passe devant eux, un des policiers me regarde avec un air de défi. Peut-être que je lui fais peur. Qu'il se dit que je vais intervenir.

Il en rêve, je le vois dans ses yeux.

Je m'éloigne pour ne pas risquer d'être contrôlé.

Quand ça m'arrive, ça dure quelques minutes. Le flic, lui, remonte ensuite dans sa voiture et s'en va. Ce n'est pas important pour lui. Mais moi, je suis entaché. J'ai beau tenter de poursuivre ma journée, de passer à autre chose, ça reste. Prendre une douche n'y change rien. J'ai l'impression d'avoir toujours, sur ma peau, sous ma peau, les traces de ses mains. Je m'endors avec elles. J'en cauchemarde. Elles m'abîment. Elles font partie de moi.

Il doit y avoir une cause à ces contrôles. Je ne peux pas consentir à l'idée qu'ils n'existent pour rien. Ce serait une injustice trop grande. Insupportable. Pour rester calme et la fermer, j'ai besoin de considérer qu'ils ont raison.

Que j'ai un corps dangereux. Un corps à contraindre. Un corps à contrôler. Je dois me voir comme un monstre pour accepter de vivre sous surveillance.

Je suis admis à la Sorbonne Nouvelle en lettres modernes. Tous mes autres choix ont été refusés. Je me retrouve avec les plus passionnés, ceux qui étaient en terminale littéraire. Les geeks du verbe. Moi, je n'ai jamais lu un livre de ma vie. J'entraperçois le gouffre qui me sépare d'eux quand la prof utilise, à l'oral, le mot « cristalliser ». Je me dis qu'ils font semblant de le comprendre, comme moi. Mais non. Lorsqu'ils prennent la parole, ils utilisent des mots tout aussi complexes. Plus que ceux de Léo et la bande. Qu'est-ce que je fais là ? Dans le même temps, le bureau des étudiants organise un week-end d'intégration à Amsterdam.

Des amis y vont.

Je demande à mon frère de m'avancer les cent trente euros.

La composition du voyage ressemble à celle de la fac. Une grande majorité de meufs. Dès les premières minutes, dans le car, mes deux potes me disent qu'il faudra aller au quartier des travailleuses du sexe. Je connais le lieu de réputation.

Mes deux amis ont beaucoup de conquêtes. Ils plaisent. Pourquoi payer ? Je ne comprends pas.

C'est cinquante euros la passe.

Tout cet argent pour vingt minutes, je rêve.

Après avoir visité la ville, mangé un space cake, on se dirige tous les trois vers le quartier rouge. Je trouve le spectacle tout aussi excitant que gênant. Ces femmes sont belles et sexy. Mais elles ont un air d'oiseaux en cage. Je souris et je détourne les yeux après de très longues secondes. On marche lentement. L'un de nous s'arrête. Je le vois s'éloigner. Entrer dans une cabine. Je l'observe, secrètement choqué. On l'attend en se demandant comment c'est à l'intérieur. Notre ami ressort quinze minutes plus tard. Son sourire est constant. Il décrit en détail ce qu'il vient de vivre.

Je joue le mec enjoué. On continue d'arpenter ce quartier. Mon autre pote s'arrête. C'est son tour. Même chorégraphie. Je ne sais pas d'où vient cette nécessité d'en faire des tonnes à chaque fois qu'on raconte des moments sexuels. La quantité de détails qu'il donne est troublante. Peut-être que les hommes se séduisent et se baisent tous par l'intermédiaire des femmes et de l'hétérosexualité.

Merde, c'est mon tour. Je n'ai pas le choix. On doit vivre cette aventure. Tous ensemble. Les gars ne cessent de pointer du doigt des femmes incroyables derrière leur vitre. Je fais mine qu'aucune d'elles ne me plaît. Ce petit jeu dure encore une heure.

C'est impossible, me disent-ils.

Ils ont raison, je mens.

C'est comme un pacte auquel manque ma participation.

On y retourne le lendemain.

Je vais peut-être les user avant qu'ils ne m'usent. Une autre vitre. Je pense que c'est la femme la plus attirante que j'ai vue de ma vie. D'un geste, elle m'invite à la rejoindre. Je n'ai aucune excuse. J'y vais. Dans le sas, je tente de négocier le prix avec mon franglais. Mais c'est fixe. Cinquante euros. Je finis par donner le billet et entrer. C'est plus grand que ce que j'avais en tête, on dirait un genre de studio équipé. Les lumières sont tamisées. Elle me demande de me déchausser et de me déshabiller. Je m'exécute timidement. Je pense à mes orteils en griffes à force d'avoir joué au foot avec des chaussures trop serrées. Je complexe à cause de mon sexe toujours petit. Je le cache avec ma main. Assieds-toi sur le canapé. Avec du lubrifiant, elle commence à me branler. Le stress m'anesthésie. Je ne ressens rien, mais je bande, machinalement. Elle saisit un préservatif et l'enfile. Elle sent mon angoisse, me regarde en souriant. Elle s'allonge sur le dos en écartant les jambes et les bras. Je vois sa vulve. Je me positionne au-dessus d'elle. Je recule directement. Elle m'observe avec bienveillance. Je m'approche de nouveau d'elle. Je garde bien haut mon buste pour ne pas que nos sexes se touchent. Je baisse la tête. Je l'embrasse. On s'embrasse. C'est bon. Je crois qu'elle a compris que je ne ferai rien d'autre. Je me lève et je commence à me rhabiller. On discute. Enfin, je parle. Je lui raconte que je suis basketteur et que je passe pro l'année prochaine. Elle pourra me voir à la télé. J'ai envie de lui donner un baiser, une dernière fois. De prendre un verre avec elle. Mais je lui dis seulement au revoir. Je sors. Je retrouve mes deux potes. Je leur invente un scénario incroyable, fait de levrette et de fessées. D'elle qui prend du plaisir. La fameuse histoire qu'on se répète entre hommes. Peut-être que je ne suis pas le seul à être écrasé par tout ça. Je viens de remplir le contrat.

On déménage dans l'appartement du dessous, beaucoup plus petit.

Les plus grandes de mes sœurs sont parties. J'obtiens une chambre seul pour la toute première fois.

Allongé sur mon lit, je regarde le plafond, crevé.

La conseillère d'orientation avait raison. Je fais un métier manuel. Je suis manutentionnaire depuis quelques mois dans le milieu de la vente d'art. L'entreprise alterne entre les cabinets d'expertise, les hôtels de vente aux enchères et les clients, tous fortunés. Parfois il y a des pourboires, de la sympathie. Mais un seul de leurs meubles vaut ce que je gagnerais en dix ans de travail.

Le matin, on se retrouve au dépôt avec les gars pour boire un café, avant d'être affectés à nos différentes missions, souvent en Île-de-France. Mais aujourd'hui, avec mon groupe, on bouge en Provence. C'est en camion vide qu'on s'y rend. À l'intérieur du mien, on est trois. Pendant le trajet, chaque fois qu'on voit une femme avec des formes apparentes, on le mentionne.

– Regardez. Regarde là. Elle est trop bonne.

– Ah ouais. Je la fume ! C'est ce genre de cul que j'aime bien.

Je participe volontiers à ces commentaires. Je mens sur le nombre de partenaires sexuelles que j'ai eues. J'invente une légende.

Le chantier du jour est un manoir. Je n'ose imaginer son prix. On s'emploie à emballer tout ce qu'on doit transporter, je sens une bonne odeur provenant de la cuisine. La faim m'envahit. Alors qu'on regarde sur nos smartphones où aller chercher des sandwichs, les clients nous appellent : ils nous ont préparé le repas du midi. C'était pour nous, cette odeur de poulet. C'est la première fois que ça arrive.

Sur une très grande table, nous déjeunons ensemble. Les pommes de terre au four sont succulentes.

J'attends qu'un moment de silence se présente.

– C'est très bon, vraiment. Merci beaucoup pour votre hospitalisation.

Silence. Long silence. Tous les gars se retiennent, puis explosent de rire.

– Non, vieux ! On dit hospitalité. Merci pour votre hospitalité.

Les clients ont un sourire. J'ai tellement honte. Je revois Léo et ses pléonasmes. Je pensais avoir comblé l'écart. Mes collègues continuent de rire et moi je m'enfonce dans cette gêne.

Je passe le reste de la journée en silence. Je suis tellement inculte. Même des types non diplômés me corrigent.

– Sikouuuu ! Sikouuu !

Mama me sort de mon rêve dès le matin. Ma colère est aussi grande que la lenteur avec laquelle je la rejoins dans la cuisine. Elle veut que je lui ouvre deux boîtes de conserve pour le plat qu'elle nous cuisine. Elle n'arrive toujours pas à le faire. J'ai tenté un jour de lui montrer la manœuvre, mais impossible. Quelque chose d'invisible en elle fait résistance. Je l'observe tout en m'attelant à ma tâche. Elle est accoudée sur la partie du buffet qui sert de plan de travail. Sa tête est baissée vers le sol. Elle semble exténuée. C'est la première fois que je la vois dans une telle fragilité. Je suis pris d'une immense tristesse que je dissimule. Je n'ose pas lui demander ce qu'elle a. Je reste silencieux, je ne me laisse pas aller à mes habituelles lamentations quand elle me dérange. Mama est affaiblie par le temps qui court. Combien de temps ai-je pour tisser une relation avec elle et connaître son histoire ?

Soirée déguisée. Black and White. Je n'ai pas vraiment d'idée et surtout une flemme monstre. Je décide d'y aller en m'habillant normalement, mais en recouvrant mon visage de blanc.

Dans le métro, j'aperçois des regards amusés dans ma direction. Je réponds en souriant.

Toujours le sourire.

Ah merde, la batterie de mon iPod est vide. Sans musique, j'entends désormais les conversations autour de moi.

– C'est injuste. Eux peuvent se maquiller en blanc. Mais nous, on ne peut pas le faire en noir. Black je ne sais pas quoi.

– Black face, c'est ça.

– C'est blessant nianiania. Ils se victimisent trop. Aujourd'hui, avec son maquillage, ce mec a plus de liberté que moi. Plus de droits. Il va falloir qu'on arrête ces délires antiracistes. On va finir par devenir leurs esclaves si ça continue.

J'entends deux gars parler derrière moi.

– Ça fait trois mois que je ne l'ai pas vu. Il se tue à la salle de muscu. Il pense qu'il sera plus viril avec des gros bras. C'est ridicule. Je ne connais personne de plus masculin qu'un Sarkozy par exemple. Il est tout petit pourtant.

– Ouais, je vois ce que tu veux dire. Qu'on l'aime ou pas, c'est un mec qui gère. Il est cultivé. Riche. C'est sans doute davantage ça, la virilité. C'est le pouvoir.

– Bien sûr. Autrement, le monde serait géré par les mecs les plus imposants physiquement. Et eux, on les voit souvent en bas de l'échelle. Regarde les mecs de quartier. Ils sont dominés socialement. Si tu regardes bien les hommes les plus influents, ils s'en contrefichent du corps. C'est un délire de pauvre.

Je rejoins mon pote dans un coin du salon.

Il roule un joint en regardant devant lui.

Je l'extirpe de son silence.

– Ouais, ça va. Je dois gérer des petites choses. Mais rien de grave. Attends. Elle ne fait que te regarder. Non. Elle, oui. Elle est fraîche en plus. Ça se voit qu'elle te désire. Je suis sûr qu'elle veut se faire démonter. Elle se dit grand renoi de deux mètres, il va me retourner.

Tu devrais en jouer plus.

En rentrant chez moi, je croise les gars avec qui j'ai grandi près du stade de foot. Je les salue et je remarque qu'ils sont enjoués. Ils vont en boîte de nuit, au centre de Paris. Ils sont tous habillés avec des marques apparentes. Des vêtements très coûteux, que je ne suis pas en mesure de m'offrir. Que je n'aperçois jamais dans les milieux favorisés que je fréquente.

Peut-être qu'ils ne se sentent légitimes à s'y rendre que parés de ces tenues explicitement luxueuses. Je les déshabille du regard en me demandant d'où vient ce besoin de maquiller leur pauvreté. Eux aussi veulent quitter le quartier et devenir bourgeois.

Ils empruntent simplement un autre chemin que le mien. Plus éclatant, mais éphémère.

Ils débattent de l'alcool qu'ils achèteront une fois sur place. Je saisis qu'ils dépenseront plus d'un Smic ce soir.

Je les visualise à leur table VIP, se sentant beaux, avec ces habits chers et toutes ces bouteilles déboursées, espérant attirer du monde auprès d'eux. Des femmes. J'imagine leur réconfort de devenir, le temps de quelques heures, les charmants, les riches. Ceux qui ne font plus peur. Qu'on ne repousse pas. Ceux dont on veut être proches. Qu'on accepte. Qu'on aime.

J'arrive à la maison.

Je me pose devant Arte. Un documentaire passe sur une initiative japonaise. Quelque temps après le tsunami, au milieu d'un jardin face à la mer, ils ont construit une cabine qui contient un téléphone fixe qui n'est pas branché. Il serait lié à l'au-delà. On raconte qu'il permettrait de joindre les morts de cette catastrophe qui écouteraient encore à l'autre bout du fil. Ils l'appellent le téléphone de vent. J'ai toujours été bouleversé par la poésie qui émane de ce pays. Je change et tombe sur une chaîne d'informations en direct. Je regarde cinq minutes, avant d'éteindre cette merde.

Si je pouvais appuyer à nouveau sur le bouton rouge de mon enregistreur, voilà ce que je dirais au petit Sikou qui me laissait des messages.

– Si tu avais su ce qui t'attendait, je ne suis pas sûr que tu aurais autant désiré le monde extérieur. Tu aurais peut-être consenti à ta mort intime entre les bâtiments HLM.

Petit Sikou, la cage me manque parfois.

– Sikou, il y a un truc que je ne comprends pas. Pourquoi tu voudrais faire des films de bobo parisien, que d'autres peuvent faire mieux que toi en plus ? Pourquoi tu ne parlerais pas du quartier ?

Un soir de projection. Je ne réponds pas directement à Gab, qui m'interroge sur mes projets. Mais je ressens ces questions comme un enfermement, une putain d'assignation.

En même temps, peut-être qu'il a raison. Que je suis en mission. Que je le veuille ou non. Moi qui veux incarner l'universel, il m'est inaccessible, l'enfoiré.

Qu'est-ce qu'on attendra de moi en tant qu'artiste noir ?

D'aborder le sujet de la pauvreté ou de la violence dans les quartiers populaires.

Si je le faisais, cela devrait être caricatural. Brutal. Sans nuance. Si je tentais de présenter un film sur un tout autre thème, le réalisateur que je veux devenir obtiendrait-il des financements ?

La question du racisme est impossible à traiter. On l'accepte dans une comédie, ou lorsqu'elle est portée par un artiste noir qui n'est pas français. Décrivant une réalité lointaine. Mais à l'échelle de notre pays, on s'aveugle : ça n'existe plus vraiment. Encore la pancarte de la victimisation. Quoi que je fasse, je suis condamné à décevoir une partie du public.

Ces dernières années, chaque fois que j'ai eu une opportunité professionnelle, je me suis systématiquement dit que j'étais peut-être le quota. Que j'étais remplaçable.

Que les autres artistes noirs étaient mes concurrents directs. Des dangers. Je devais me différencier d'eux.

Aujourd'hui, je veux contribuer à équilibrer la représentation des invisibles comme moi. On en a besoin. Le personnage blanc est devenu ma norme, même quand j'avais la certitude que jamais je ne pourrais être comme lui. Parfois, il y en a des noirs. La plupart du temps, ils ne sont pas valorisants.

Je veux prendre part à la création d'un autre imaginaire. Réaliste. Sans clichés de merde.

Ce qui m'interpelle le plus, c'est le silence. Jamais un pote ne trouve que c'est étrange, injuste, qu'il n'y ait pas plus de Noirs dans les sphères de pouvoir. Sur les plateaux. Au cinéma. Je le déteste, ce silence. Il raconte qu'ils ne sont pas choqués. Qu'ils consentent à cette réalité.

Peut-être que l'enfant que j'étais aurait pu croire en l'école et à la possibilité d'une voie intellectuelle s'il avait vu, dans des films français, des personnages noirs incarnant ces parcours.

Des médecins noirs. Des avocats noirs. Des politiciens noirs.

18 novembre 2014.

Appel de mon père.

– Sikou. Ta maman vient de mourir. C'est fini. Elle est partie.

Je quitte le dépôt. Je cours. Je cours. Je suis essoufflé, je transpire, mais je cours. Je ne respire plus, mais je cours. Mama… Mama ! Mais non, tu n'es pas partie ?!

À chaque souffle fatigué, je pense à son visage. Ma pauvre Mama. Je ne peux pas le croire.

J'arrive à l'hôpital. Je me précipite. Il y a une salle d'attente dans laquelle on doit s'asseoir avant d'être appelé, mais je fonce et j'ouvre la porte. Je croise du regard un médecin qui comprend qu'il n'est pas question que j'attende. Je suis le premier enfant sur place. Son corps inanimé. Elle a la bouche ouverte et sèche. Les yeux fermés. Je regarde mon père. Il se tient la tête et évoque sa douleur en soninké. Je ne saisis pas ce qu'il dit. Mais je comprends la langue de la blessure ultime. J'hésite à la toucher.

Je pose ma main sur elle. Sa maladie auto-immune a eu raison d'elle. Quatre mois à l'hosto. De réanimation. D'ablation d'organe. De douleur. De dégénérescence physique. J'aurais dû venir la voir tous les jours. J'ai continué de faire la fête, d'embrasser des meufs, de me saouler. De jouer au foot avec des potes. Quel con je suis !

Mama. Le monde a été brutal avec toi. Mourir à cinquante-cinq ans. Non, non, non.

Je me contiens. Pudeur familiale.

Chacune de mes respirations siffle. Poumons chantants du deuil.

Mes pleurs prennent l'allure de transpiration. Je suis trempé. Froid.

Mama, tout ce que je ne t'ai jamais dit. Qu'est-ce que je suis stupide.

Les autres membres de ma famille arrivent. Des larmes, mais rares. Tous sont tristes, mais pas surpris. Il y avait déjà eu deux alertes les semaines précédentes. Une part de moi n'y croyait pas.

Après des heures à l'hosto, je fonce au quartier. Je suis toujours en tenue de taf. Je passe à l'épicerie prendre deux bières. Je marche sur les quais. Je m'assieds sur un banc. Je bois. Je pleure, un peu. Pas à la hauteur d'un deuil. Pas à la hauteur d'une mère. Devant moi, des gens promènent leur chien, discutent, rient. Le monde continue de tourner. Mama, si tu es toujours là, quelque part, envoie-moi un signe. Mama, un signe, je t'en supplie.

À ce moment-là, sur l'eau, défilent une douzaine de canards. On croirait à une grande famille nombreuse, comme nous. C'est un spectacle magnifique.

Est-ce toi, Mama ?

Pardon pour tout.

Je rentre à la maison. Ce n'est plus le même appartement. Quelque chose a changé, bien que tous les objets soient à leur place. Ça me fait penser au film *21 grammes* qui raconte que lorsqu'une personne meurt, son corps pèse vingt et un grammes de moins. Le poids de l'âme ?

Des tantes, des amies, des femmes viennent prendre soin de nous. Le temps du deuil. C'est la coutume. Enfin, la sienne. C'est magnifique, mais je n'arrive pas à voir le beau.

Ces dames rangent et nettoient tout.

La tontine est posée sur la table, pour couvrir les frais de transport du corps de Mama au Mali.

Bouton rouge.

– Petit Sikou, qu'est-ce qu'on a été bête. Elle est morte, Mama. Si jeune. Tu croyais que tu

avais le temps. Que tu te rapprocherais d'elle un jour. Ça n'arrivera jamais. On l'a abandonnée. J'ai un jour entendu que les gens qui vivaient le plus longtemps étaient ceux qui étaient le plus entourés socialement.

Est-ce que notre absence d'amour a favorisé le départ de Mama si tôt ?

Est-ce qu'on l'a tuée à force de ne pas lui avoir dit Je t'aime ?

Si tu savais comme j'ai la haine. Je nous déteste. Je ne reviendrai plus ici.

Je ne te parlerai plus jamais.

Je regarde dans le vide sur un balcon. L'ami chez qui je suis me rejoint et me demande comment je vais. Je lui annonce la mort de ma mère quelques semaines plus tôt. Il baisse la tête. Les larmes s'échappent de ses yeux. Il est désolé pour moi. Ce mec qui n'a jamais rencontré ma mère la pleure, alors que je n'y arrive pas. Je pourrais, là, m'écrouler dans ses bras. Ce serait la scène tragique d'un grand film. Mais ça ne coule pas. Je ne veux pas qu'elle sorte de moi. Je la maintiens dans mon île des regrets.

Ce soir, je suis à Saint-Denis, dans une soirée, l'appartement quatre pièces se trouve dans un vieil immeuble. Moche et beau à la fois. Un peu comme une feuille morte dont on perçoit encore la couleur.

C'est l'anniversaire d'une amie. Il y a une trentaine de personnes éparpillées dans toutes les pièces. La musique bat son plein, mais les voisins ne semblent pas dérangés.

Personne ne danse pour le moment. Salon statique, comme si on prenait la pause pour une photo. Tout le monde discute en petits groupes.

Un mec s'approche de moi et me serre la main très fort. Ça m'arrive souvent depuis que je fréquente ce monde bourgeois. C'est une manière pour eux de montrer qu'il ont de la poigne. Qu'ils sont dominants. Supérieurs.

– Salut ! Ça va et toi ? Comment est-ce que tu t'appelles ? Moi c'est David. Enchanté. T'es immense ! Tu mesures combien ? Ah oui, il ne faut pas te chercher. Tu es un sacré morceau !

Il me touche les bras. Les épaules. Les trapèzes. Les pectoraux.

– Il vaut mieux être ton ami que ton ennemi !

Lumière tamisée. Frigo rempli. Je me ressers un verre.

Gab m'interpelle. Je descends de mon nuage. Il fume avec un groupe près de la cuisine. Je n'ai jamais tiré une taffe et j'aime le dire. Ça impressionne toujours.

Ils parlent d'un film sorti récemment. Gab donne son avis. Il est très éloquent et tout le monde l'écoute. Il n'est pas emballé. Scénario de merde.

La conversation bascule sur François Hollande. Il n'est unanimement pas assez de gauche. Les fameux 75 %... Ils auraient voulu Mélenchon, mis à part l'un d'eux, qui regrette DSK. C'était notre Sarkozy à nous, raconte-t-il.

Je retourne dans le salon. Je suis seul, planté au milieu de la pièce. Qu'est-ce que je fous là ? Je n'aime pas l'image que ça renvoie. J'avance vers la fenêtre. Je fixe les immeubles d'en face pour me donner une contenance et je plonge doucement dans mes rêveries.

Un autre groupe entre. J'en connais quelques personnes. Laura. Elle a une longue veste beige. Des baskets blanches. Ses cheveux bouclés sont attachés. Je fais mine de ne pas l'avoir vue. Elle me reconnaît et s'avance vers moi. Je fais le surpris avant de lui faire la bise, mais plus proche de sa bouche que de son oreille.

– Comment tu vas ? Je fais un tour, je dépose ma veste et tu me racontes où tu en es de l'écriture de ton film ? Je suis trop contente de te voir.

Je l'ai rencontrée il y a quelques jours, durant une fête organisée par une amie commune. J'étais triste ce soir-là. Mais je ne le montrais pas.

J'ai embrassé Laura, mais je n'avais aucune intention d'aller plus loin. Je souhaitais me donner l'illusion que la vie continuait. Que je devais désormais doublement en profiter. J'aurais pu pleurer dans sa bouche.

Elle avait voulu me revoir, mais je n'avais officiellement pas le temps.

Elle a une beauté qui ne fait pas l'unanimité. Qui ne s'exhibe pas facilement. Le genre qui peut donner l'impression qu'elle n'existe pas. Un visage doux, rond. Un beau sourire. Je vais à la cuisine pour me servir un nouveau verre. Elle m'y retrouve.

– Tu es là depuis combien de temps ? Je sors de mon atelier, je travaillais sur quelques toiles. Une galerie de Barcelone m'a invitée à exposer.

C'est dans quatre mois, je panique un peu. Non, n'abuse pas. Je ne suis pas encore une grande artiste. Un jour, j'espère. Arrête. Oui, arrête. Ça peut m'exciter. Oui, c'est ça. Ne me dis pas que ce n'est pas ton intention. C'est ce que tu as fait la dernière fois. M'allumer, m'embrasser, pour rien. Si, tu m'as laissée en plan ensuite. Tu te fais trop désirer. Comment ça, tu es en abstinence sexuelle ? C'est quoi cette histoire encore ? Non mais Sikou, si je ne t'attire pas, dis-le-moi. C'est plus simple.

D'autres amis nous retrouvent. On arrête notre conversation en souriant en coin.

2 heures du matin, beaucoup sont déjà partis pour attraper le dernier métro. À nouveau dans la cuisine pour me servir un verre. Laura y est, de dos, les cheveux détachés, elle écrit un message sur son téléphone. Elle se retourne et s'approche de moi en souriant.

– Tu es beau. Je peux te faire un câlin ? Tu ne dis rien, je prends ça pour un oui.

Elle se rapproche encore et m'enlace. Je ne sais pas quoi faire. Mes deux bras pendent le long de mon corps. Je tiens mon verre dans ma main droite. Je sens l'odeur de son shampooing, de son parfum. Merde. Il faut que je me décolle d'elle. Je crois qu'elle le sent, mais elle ne dit rien. Elle me serre plus fort. Elle remonte sa tête vers la mienne. J'ai peur et honte. Mais son sourire est rassurant. Je laisse mes yeux voyager sur son visage. Je m'arrête sur sa bouche. J'ai terriblement envie de l'embrasser. Mais à quoi bon.

Elle sent sur son ventre la pression de mon sexe. On ne se parle pas. On se regarde avec complicité. Il y a comme un magnétisme entre nos corps. Elle se retourne, prend mes bras et s'enlace avec eux. Désormais, son dos est contre mon torse. Elle fait quelques pas et je la suis dans l'une des chambres. On se rapproche du lit. J'ai envie de dire non. Elle s'allonge doucement en m'incitant à la suivre. Je contrôle mon poids avec mes avant-bras pour ne pas l'écraser. Ma bouche frôle la sienne. Je finis par m'allonger à ses côtés. Elle monte sur moi et m'embrasse. Je pose mes mains sur ses hanches que je sens larges. Nos corps se frottent comme deux silex.

Elle enlève son débardeur, me scrute avec une profondeur que je ne connaissais pas. J'ai l'impression qu'elle mate un film projeté dans mes yeux. Je commence à lui faire un léger non de la tête. Je suis tétanisé. Elle dépose sa main sur mon torse et la descend petit à petit. Elle s'arrête sur mon sexe. Je l'enlève rapidement. Elle se déshabille entièrement. Elle est sublime. Beaucoup plus que je l'imaginais. Qu'est-ce que je fais ?

Elle remonte sur moi et m'embrasse. Elle commence à déboutonner ma chemise, mais je la repousse. Elle.

– Tu n'as pas envie de moi, c'est ça ? Pourquoi tu ne veux pas aller plus loin ? Tu étais vraiment sérieux avec ton histoire d'abstinence ? Tu t'empêches de vivre. On passe à côté du beau, là.

On regarde le plafond, pendant plusieurs longues secondes.

Je bande toujours et j'ai l'impression d'entendre mon sexe me hurler que je suis un lâche. J'étouffe ses cris avec ma main. Laura ne bouge pas. Je crois qu'elle est triste. Je l'enlace en cuillère en la serrant fort. Je lui murmure une dernière fois que je suis désolé, avant de lui donner un baiser sur la nuque. Je me lève et je quitte la chambre sans me retourner. Dans le couloir, j'enfile ma veste et je salue quelques amis, avant de partir.

Je suis tellement désenchanté. J'ai envie de chialer, mais je ne le ferai pas. Je marche dans les rues tout aussi vides que moi sans savoir où je vais. J'ai honte.

J'ai arrêté la manutention. C'est en travaillant que j'ai appris la mort de ma mère. Je n'arrivais plus à dissocier les deux. Pour me relancer, je me suis inscrit en service civique avec une association qui développe une application de troc d'objets et de services. Je dois rencontrer des jeunes, obtenir leur contact pour leur envoyer une version test qu'ils pourront évaluer avant la date de sortie.

Université Sorbonne Paris I.

Je discute avec un groupe de cinq meufs. Elles sont emballées et écrivent leur adresse mail dans mon gros cahier qui fait sérieux. Le soir, je dois les inscrire dans la base de données, sur ordinateur. Seulement, il y a un que je n'arrive pas à lire. Je retrouve l'une des filles sur Facebook. Je lui demande de me donner la bonne orthographe, ce qu'elle fait, accompagné d'un petit emoji clin d'œil.

Elle s'appelle Jade. On se parle un peu. C'est sympa. On se dit qu'on se verra un jour, mais personne ne fait le premier pas.

Dans les locaux de l'association, j'observe le fondateur. C'est un mec qui a la trentaine. Il se définit comme transfuge de classe. Il vient d'un milieu pauvre et a réussi à s'en extirper à travers le sport. Il s'est rendu compte à ce moment-là qu'il avait des lacunes à l'oral. Il a tout fait pour les compenser. Au point de devenir une référence en éloquence. Il est brillant. C'est un homme blanc aux yeux bleus perçants qui porte constamment une barbe d'une semaine. Il est beau. Il s'habille avec style. Je me dis qu'avec son intelligence et sa couleur de peau, il doit se sentir comme un poisson dans l'eau dans le monde bourgeois qu'il fréquente. Rien en lui ne laisse présumer qu'il vient d'un milieu pauvre. Il incarne la norme des puissants dans tout ce qu'il dégage. Il peut passer inaperçu. Moi, j'ai tellement travaillé le langage que je parle comme eux. L'apparence, que je m'habille comme eux, en version pauvre.

Mais on ne vient pas de la même pauvreté. La sienne est invisible, la mienne est noire.

J'ai arrêté le service civique au bout d'un mois. Je touche le RSA. Je ne l'ai dit à personne. Quand on me demande comment je gagne ma vie, je dis que je perçois des droits d'auteur pour l'écriture d'un long-métrage.

Ma grande sœur sait que j'adore ceux qui chantent devant leur webcam. Je peux passer des heures devant YouTube, à l'affût des futurs talents. Je me souviens que je regardais des clips de Ben l'Oncle Soul qui n'atteignaient même pas les mille vues. Elle me montre une vidéo postée par Jade, sans savoir que je la connais. Elle chante magnifiquement bien. Je lui envoie un message pour la féliciter. Elle me remercie et on relance la machine de nos conversations.

On se voit dans un bar parisien dans lequel mes potes bossent. Je sais que j'aurai des coups gratuits. Elle arrive. Coup de foudre.

Elle lit beaucoup de livres. Je lui raconte qu'en tant qu'auteur, je n'en lis pas, pour ne pas être écrasé par le poids des beaux textes. Elle me parle de son projet, devenir chanteuse professionnelle. De son enfance, en balancier entre deux cultures. De ses doutes, concernant le monde et la bonté humaine. Elle est intelligente, drôle.

Je l'accompagne chez elle à pied. Une heure de route. On se raconte nos vies. On rit. On se plaît.

Je monte pour boire une tisane. Mais je suis KO. Je repars rapidement, sans que mes lèvres rencontrent les siennes.

Je n'ai pas le courage.

Le lendemain, par message, j'ose lui dire que j'en ai eu l'envie. Elle aussi.

Ça fait trois mois qu'on se voit Jade et moi.

On passe beaucoup de temps ensemble. On adore s'embrasser. Elle me dit qu'elle est amoureuse. Moi aussi.

Elle aimerait qu'on fasse l'amour. Mais chaque fois qu'on se retrouve chez elle, j'arrête le moment. À contre cœur. À contre-désir. Elle ne comprend pas. D'autant plus qu'elle sent que j'ai envie d'elle. Terriblement. Je lui raconte que je suis en abstinence sexuelle pour focaliser toutes mon énergie sur mes projets d'écriture. Toujours la même excuse. Mais elle s'impatiente.

– Tu sais, j'ai eu peu de partenaires. J'ai toujours été en couple avec les mecs que j'ai fréquentés sexuellement. C'est très important pour moi. Alors si on couche ensemble, ça veut dire qu'on est en couple. Ça te va ?

Bien sûr que ça me va, mon amour. J'aime sa manière de voir les choses. J'en rêve, mais ma nudité m'en empêche. Jade me fantasme. Mon corps lui est inconnu. Il peut encore être beau dans son esprit. La réalité est tout autre.

– Pourquoi tu ne veux pas me dire avec combien de meufs tu as couché ? Mais si, allez, je m'en fiche. Je pense que c'est plus que cent. Je dis ça parce que tu as toujours été célibataire. Tu es grand, beau, intelligent. Tu as de la tchatche, tu es drôle.

Si tu savais…

Aujourd'hui, on joue au foot avec des potes. C'est très physique. Très vocal. On n'hésite pas à s'insulter quand on s'énerve.

Le match terminé, certains se chauffent pour aller au festival We Love Green. L'un des gars peut avoir des places gratuites. Ça ne me dit pas vraiment, mais ils insistent pour que je vienne.

Pendant le trajet, je repense à Jade qui m'avait dit qu'elle irait à un concert ce week-end. Le nom était en anglais et je n'ai rien compris. Peut-être que c'est celui-là. Sur place, je lui envoie un message pour lui demander. On se retrouve. Je l'embrasse et la présente à des potes.

Je suis tellement fier.

Elle lâche ses copines et on passe la soirée ensemble. On boit. On danse. On s'embrasse. On s'aime. On se le dit.

On rentre chez elle.

Sur place, comme tous les soirs, on s'embrasse, on se frotte. Je ne contrôle plus. Je ne la repousse pas. Je la laisse faire.

Elle est douce. Elle est au-dessus de moi, sur le lit. Elle descend petit à petit. Je tremble.

Elle me rassure.

Mon sexe est dans sa main. Dans sa bouche.

Jouissance.

Je regarde Jade qui est recouverte d'un peu de moi.

Elle se lève pour se laver les mains. Elle revient. Je crois que c'est mon tour. Je l'embrasse et je l'allonge. Je lui donne des baisers en descendant. Je ne sais pas quoi faire. Je suis face à son sexe. Je le lèche. On m'a dit qu'il fallait faire ça en haut pour viser le clitoris. Je ne sais pas si j'y suis. Si je fais ça bien. Elle gémit. Elle simule peut-être. C'est sûr. J'arrête. Elle me dit que c'était trop bon.

Je sens la fausse note.

On s'enlace. On s'endort.

La nuit, je la regarde. On a fait du sexe. On est en couple. C'est le plus beau jour de ma vie. J'espère que tu n'es pas trop déçue. J'espère que tu m'aimes toujours, mon amour.

Trois semaines plus tard, il y a comme une distance entre Jade et moi. Je ne comprends pas pourquoi.

On doit s'appeler ce soir. Je stresse.

Mon téléphone sonne. C'est elle. On discute un peu. Silence.

– Je dois te dire la vérité, ça va un peu trop vite pour moi. Finalement, je n'ai pas envie d'être en couple. Oui, je pensais aussi, mais je me suis trompée. Ne m'en veux pas. Je suis désolée.

Je suis vide. Mais mon orgueil m'empêche d'insister.

Je raccroche et je meurs. Mon enchantement nouveau aussi.

Elle préfère me sortir de sa vie. Elle sera mieux, plus heureuse sans moi. Mais je t'aime.

Elle est horrible, cette inégalité de mémoire. Elle est tout pour moi. Et je ne suis rien. Elle m'a eu.

C'était sa bouche ou rien. Son rire ou rien. Ses mains ou rien. Sa voix. Son odeur. Son sexe. Son regard ou rien.

Mon monde intérieur est un hangar abandonné dans lequel squattent des rats.

Hier, Jade m'a plaqué. J'ai fait nuit blanche.

Aujourd'hui, mes potes se marient. Je célèbre leur union avec eux. Ils sont beaux. Ils dansent ensemble. Ils s'embrassent. Tout le monde est heureux. Moi aussi, avec le peu de cœur qui me reste. Je suis dévasté.

En rentrant chez moi, je me lance dans une marche nocturne sur la butte Bergeyre.

Je m'assois sur un banc depuis lequel on aperçoit le Sacré-Cœur. Cette vue est belle d'habitude.

Téléphone en main, je regarde ses photos sur les réseaux sociaux. Retour à la case départ. Jade n'est de nouveau qu'une image numérique, froide et distante. Comme si rien n'avait existé.

J'imagine mon enregistreur, je me vois appuyer sur le bouton rouge.

– Petit Sikou, c'est quoi être un homme ? C'est être aimé ?

J'ai essayé l'amour, mais je n'aurais pas dû. Je suis encore brûlé. J'ai mal et personne ne sait à quel point. J'ai honte de ressentir tout ça. Et tout en moi me crie de fermer ma gueule.

Je travaille au Centquatre en tant qu'agent d'accueil depuis quelques semaines. Lieu magique d'art où se côtoient le théâtre, la danse, le cirque, l'art contemporain. Je n'y connais rien, mais j'ai accès à tous les spectacles. Je les bouffe. J'ai un gouffre à investir. Très souvent, on me confond avec un agent de sécurité. Des femmes m'ouvrent leur sac avant d'entrer dans une salle d'expo. Je suis le seul homme noir de l'équipe, et donc le seul accueillant à qui ça arrive. Avec le petit salaire que je gagne, j'ai pu déménager juste à côté, dans un studio de seize mètres carrés. Je vole enfin de mes propres ailes. C'était étrange, tous les soirs, de rentrer chez mon père et de croiser mes amis d'enfance avec qui je ne partage plus rien. La fracture est totale. J'ai accès à des mondes qu'ils ne soupçonnent pas. Eux sont devenus des grands du quartier. La partition était écrite et ils l'ont jouée, à la perfection.

Ça fait déjà quelques mois, Jade. Je ressens toujours un vide écrasant en moi. J'ai honte d'avoir aussi mal que durant le départ de Mama.

C'est aussi un deuil. Mais celui-là est structuré par le rejet. D'elle qui n'est pas morte. Qui rit. Qui embrasse. Qui baise quelqu'un. Qui aime un autre homme.

J'ai besoin de parler à d'autres mecs. Comme je ne l'ai jamais fait auparavant.

D'évoquer avec eux ce que nous sommes. Nos constructions. Nos obligations.

J'ai l'intuition que tout part de là. De cette question que je posais petit à mon enregistreur.

C'est quoi, être un homme ?

Un soir, j'essaie avec des amis. Mais c'est compliqué. Je ne récolte que des rires gênés. On reste en surface. On protège nos postures. Je ne veux pas m'arrêter là.

Je me débrouille pour les voir individuellement, chez moi. J'ai préparé une liste de toutes les questions que je me pose. Ils acceptent de jouer le jeu.

Je m'attends à ce qu'ils soient encore sur la posture, la défensive. Je me trompe.

L'un après l'autre, face à moi, ils se livrent comme jamais.

– Je n'arrive pas à pleurer. C'est bloqué. Je sais que j'en ai envie. Que ça me ferait du bien. Mais ça ne coule plus depuis l'enfance. Depuis qu'on m'a dit que les hommes ne pleurent pas. Même quand ça ne va pas du tout, je souris.

– Moi, ça m'énerve. Quand j'ai envie de pleurer, même seul, je me retiens. Quand je n'y arrive pas et que ça coule, je me regarde dans une glace, je me dis que je suis une grosse merde. Je n'ai pas le droit. C'est quelque chose qui ne devrait pas être en moi. Je peux avoir des sensations, des sentiments, tout ce que tu veux. Mais les larmes ne devraient jamais venir. Je peux être triste, mais uniquement à l'intérieur.

– Moi je pleure parfois. C'est rare. Mais quand ça monte, je ne résiste pas. Par contre, jamais en public. Je ne veux pas montrer de faiblesse. Oui. Je pense que c'est de la faiblesse de pleurer. On a le droit de l'être. Mais uniquement dans le noir pour moi.

– Bah, j'ai déjà pleuré dans tes bras une fois. Ça peut arriver. Mais je pense que si j'étais une femme, ça arriverait beaucoup plus souvent. Une partie de mon cerveau est conditionnée à ne pas pleurer en tant que mec. Du coup c'est rare.

– Moi à la maison, tu connais ma mère, j'avais le droit de pleurer. D'exprimer mes émotions. De parler de la météo intime. Enfin, tu vois. C'était open bar. Pinte de larmes. Et je le faisais. Et j'étais heureux. Je suis toujours le même. Quoique je ne pleure plus autant. En réalité, ça fait longtemps.

– Je ne sais pas si je viens d'un milieu bourgeois. Si, quand même. J'ai été conditionné à assurer. Par mes parents, mais aussi par les écoles que j'ai faites. À être un leader. Le premier à l'école. Avoir de l'assurance. Prendre la parole. Postuler aux jobs avec des gros salaires. Avoir beaucoup de culture pour impressionner. En fait, pour écraser. C'est ça être un homme, d'où je viens, et j'ai plutôt réussi.

– Moi j'ai vécu avec mon père qui était fauché. Il venait d'un milieu pauvre. Il m'a toujours dit que je devais savoir sortir les crocs pour me défendre. Du coup, pas d'émotion avec lui. Peut-être que ça n'a rien à voir avec son milieu social. Juste sa personnalité.

– Moi je suis bien. Franchement, je n'ai jamais complexé. J'ai eu de la chance.

– La mienne n'est pas grande. Au début, c'était compliqué ! J'avais peur d'être ridicule. Et ensuite, j'ai pratiqué et j'ai vu que le plaisir féminin n'est pas lié à la taille. Parce qu'en fait, c'est ça la question. Si tu arrives à donner du plaisir à ta partenaire, pourquoi continuer de se prendre la tête ?

– On m'a déjà dit qu'elle était grande. Mais je n'y crois pas. Je ne la trouve pas ouf. Je continue de rêver qu'elle fasse la même taille que celles que je vois dans le porno. Non, ce n'est même pas pour les meufs. Juste pour moi. Je me suis déjà renseigné sur les opérations pour la faire grandir.

– La mienne n'est pas grande et j'en complexe. Parce qu'une meuf m'a déjà fait une remarque. C'était une blague, mais elle reste. Les premières fois, je me débrouille toujours pour que ça se fasse dans le noir. Parce que je ne veux pas qu'elles n'en aient plus envie.

– Oui, j'ai une pression financière. Je dois gagner plus que ma copine. Je ne sais pas, c'est vieux jeu, mais j'ai l'impression qu'elle m'aimerait moins si ce n'était pas le cas.

– Moi, quand ma meuf veut payer le resto, je dis non. Quand elle insiste à mort, je cède, par contre, je prends sa carte, je la mets dans la machine et je tape le code. Je dois toujours donner cette impression.

– Parfois, l'enfance me manque. On devait être des garçons, mais c'était plus léger. Aujourd'hui, être un mec autour de la trentaine, c'est chaud. Tu dois exceller partout. Je crois qu'on est perdus en fait. Moi, je le suis.

– La santé mentale ? Je ne me pose pas trop cette question. Ça va. Je parle de tout avec ma mère. C'est fluide.

– On ne parle jamais de ça, même entre nous. C'est la première fois qu'on le fait. On n'a personne à qui parler. Et je ne suis pas du style à aller voir un psy. Je ne suis pas un fou. Mais du coup, je ne dis rien. Je pense que je peux exploser à un moment.

– Tu veux que je te dise la vérité ? Frérot, je me sens terriblement seul à l'intérieur. J'ai peur de montrer ce qu'il y a dedans. D'être rejeté ou dévalorisé. Alors je ne dis rien. Ça me fait plaisir qu'on en parle.

Je tombe des nues.

Je ne suis pas le seul à galérer. Mes potes, magnifiques, masculins. Ceux-là mêmes que j'envie depuis des années sont tout aussi enfermés que moi. Dans le même désarroi secret. Je suis aussi heureux, soulagé, que meurtri. Et si c'était le cas de tous les mecs ?

J'ai besoin de le vérifier. Une idée germe.

Je m'inscris dans des cercles non-mixtes. Entre hommes, assis sur le sol, du plus jeune au plus vieux. Il y a un bâton de parole. Chacun doit évoquer sa relation avec son père. Tout le monde joue le jeu. Il y a des larmes, parfois des rires. Le tour se termine. On se lève en serrant le cercle pour s'enlacer tous ensemble. Je n'ai jamais touché d'autres hommes à part au sport. On se regarde tous ensuite avec une très étrange impression. On ne se ressemble pas. Il y a des tranches d'âge, des origines sociales et ethniques très différentes. Pourtant, on a l'impression d'avoir parlé de la même personne. Du même père. Un gars du groupe raconte que c'est sa mère célibataire qui a attendu de lui, toute sa vie, qu'il incarne la posture du patriarche.

Je continue la discussion partout. En soirée appart et dans des bars. Des moments d'ivresse. Elle sert parfois à délier les langues pour dire la vérité.

– Je ne sais pas quoi te répondre. Je ne sais pas qui je suis. J'ai toujours joué le rôle attendu. J'ai porté un masque. Les gens autour l'aiment. Ils ne me connaissent pas vraiment. J'ai peur de ne pas être assez. De ne pas suffire. Je mens pour être aimé.

– J'ai été violent dans ma vie. Je me suis beaucoup battu. Parfois pour rien du tout. Pour que ça sorte. Tout ce que je mets sous le tapis pour ne pas le vivre. Pour ne pas crier. Pour ne pas pleurer. Ça ressort dans mes poings. J'ai fait quelques tentatives de suicide. J'en pouvais plus, mec. Ce soir, ça va.

– Moi je ne peux pas être en couple. J'ai déjà essayé, mais c'est mort. Mon ex m'a dit que je n'étais pas disponible émotionnellement. Je n'ai rien compris au départ, mais elle a raison. Je n'ai pas vraiment dealé avec moi-même. Je ne peux pas être là pour elle. Je suis perdu. Je ne peux pas accepter son amour alors que je ne m'aime pas. Elle me manque.

J'entends d'autres mots que ceux de mes potes. Des gars qui doutent. Qui ont peur. Des mecs perdus. Toutes ces confessions m'aident à comprendre ce que je vis.

Toute ma vie avait été régie selon des obligations sociales me poussant à la performance, sans cesse. Au point de ne pouvoir m'accepter. De ne pouvoir m'aimer.

D'avoir profondément honte de ce que je suis.

À les écouter se livrer, tous, je me sens moins seul. Moins médiocre. Je me rends compte qu'on a tous porté ces obligations masculines par survie sociale.

Nous étions dans le même bateau sans le savoir. Ne jamais sans plaindre. Ne surtout pas en parler.

Comment ai-je fait pour avoir été si longtemps en exil de moi-même ?

J'imagine tous les hommes du monde, avec un bocal invisible sur leur dos, contenant tous les pleurs retenus. On se dirige dans le même trou immense pour déverser tous ces litres de larmes.

Je fantasme toutes les bagarres, les guerres, la violence, les suicides, comme annulés.

La douceur. La paix.

On doit changer.

– Le féminisme… Elles veulent se venger en s'appropriant le pouvoir pour dominer les hommes ? Mais moi, je n'ai rien fait de mal. Ce n'est pas parce que nos ancêtres ont fait n'importe quoi que je dois payer pour eux aujourd'hui.

– Dans ce qu'il revendique d'égalité des sexes et des genres, c'est super. Mais il ne faut pas tout changer. Un homme, c'est un homme. Une femme, c'est une femme.

– Évidemment qu'il faut être féministe. On vit dans un putain de système qui nous favorise. Il faut le retourner et tout mettre à plat. Égaliser. Pourquoi j'aurais plus de privilèges que ma sœur ? Ça n'a aucun sens. Bien sûr que le féminisme est salutaire. Urgent.

– Mais le féminisme, c'est du mytho gars. Regarde. Dans ma bande, il y a un mec qui s'appelle John. Il est grave dans le cliché viril. Il est grand, musclé, poilu. Avec une grosse voix. Il est macho, il parle mal aux femmes. Si tu savais à quel point, c'est grave. Et pourtant, il leur plaît énormément. Plus il leur parle mal, et plus elles tombent amoureuses. Dis-toi qu'elles se disent féministes. Elles repoussent des mecs doux, émotifs, déconstruits. Parce qu'elles ne sont pas attirées par eux. Elles attendent ça des hommes en société. Dans la sphère amicale, familiale. Mais dans le champ sexuel et romantique, elles sont toujours attirées par la virilité. Et tu sais quoi, j'ai suivi son exemple. Avant j'étais aimable, sympathique, tendre, ouvert… Ça ne marchait pas. Depuis quelque temps, je fais exprès d'être un connard et je me fais plein de meufs. Elles adorent ça.

– Ah, mais oui. Je suis évidemment féministe. J'écoute des podcasts. Je lis des livres. Ça m'intéresse beaucoup. *Les Couilles sur la table*. Mona Chollet. Plein d'autres. Mais non, je ne fais pas ça pour plaire. Non. Je pense vraiment qu'on doit tout repenser. On doit changer le système. À l'échelle politique, mais aussi intime. Les femmes méritent des relations saines avec des mecs qui le sont. On doit se prendre en main. Comment ? Oui, je suis célibataire. Oui, j'ai Tinder.

On demande à un homme de bâtir un foyer dans lequel il vivra. Le chantier est très long. Très compliqué. Il y perd de l'argent. La santé. Du temps. Il y arrive. Une fois terminé, il se retrouve enfin avec une maison solide dans laquelle il peut se projeter pour les prochaines décennies. Seulement, après des années de construction, on lui dit que le terrain n'est pas sain et qu'il faut recommencer ailleurs, sans remboursement. Il résiste, car il ne veut pas se sentir perdu. Sans repère. Sans abri. Je crois que c'est à peu près ça que représente le changement pour les hommes que j'ai rencontrés.

En terrasse avec deux potes. Nous avons un débat sur le viol. Spontanément, on a conscience que celui qui se déroule dans une ruelle sombre, avec un inconnu extrêmement violent, n'est pas la norme. On sait désormais que la majorité d'entre eux sont commis par des connaissances des victimes, des membres de leur famille. Qu'ils doivent être monstrueusement plus silencieux. Une question surgit. Est-ce que tous les hommes qui ont violé ont conscience de l'avoir fait ?

L'un des mecs autour de la table, juriste :

– Pour certains, c'était une baise de fin de soirée. Un peu bourré. Rien de plus. Pour eux, c'était un petit non qui cachait un grand oui, à partir du moment où elle n'a pas crié qu'elle ne voulait pas. Ils se disent que c'est OK, vu qu'elle n'a rien dit et qu'elle était silencieuse. Et ces gars-là dorment sur leurs deux oreilles. Ils ne comprennent même pas les accusations.

On se regarde. Chacun autour de la table se demande secrètement si ça lui est déjà arrivé de ne pas respecter le consentement. Si ma sexualité avait débuté à seize ans, je ferais probablement partie de ces mecs. Tout m'a conditionné à ça. Le porno en tête de liste.

Une femme ne veut pas. Un homme insiste. Je crois même qu'il y a une excitation morbide à l'idée de négocier le oui. De le forcer. Elle finit par crier de plaisir. Elle prend son pied. Elle en veut encore.

J'ai été biberonné par ces scénarios, comme tous les mecs. Et c'est avec eux en tête et le silence des adultes que j'aurais fait mes premières fois. Horriblement.

Chez moi, je repense à cette conversation.

Je me demande si le consentement est un sujet sérieux, en ce qui nous concerne. J'ai déjà entendu des mecs me dire qu'ils n'en avaient pas envie, mais qu'ils ont tout de même couché avec leur partenaire pour ne pas décevoir. Qu'ils se sont forcés. Ils se disent qu'un homme doit toujours dire oui. C'est ça être viril. Même lorsque le désir n'est pas là. Le non est inenvisageable. Ils ont une bite. Si elle bande, ça veut dire qu'ils peuvent. Qu'ils veulent. Qu'ils doivent.

Confinement.

Ils ont fermé les Buttes-Chaumont. Pourvu que cette merde s'arrête.

Tous les soirs, je fais plusieurs attestations. Une par heure. Et j'en profite pour marcher longtemps dans les rues vides. Personne pour avoir peur de moi. La paix. Les trottoirs vides. La pénombre. Je n'ai jamais autant aimé cette ville.

La journée, tout le monde peut transmettre le virus.

Tout le monde devient dangereux.

D'une certaine manière, tout le monde devient noir, le temps de la pandémie.

Ils ont tué George Floyd !

Cette fois, ça a été filmé. Je vois sa mort sur mon téléphone. Le monde entier la regarde. Gratuitement. Brutalement. Genou sur la gorge. Son cœur ne danse plus.

Je crois que des larmes veulent couler, mais je résiste. Je ne veux pas les concéder à ces meurtriers.

Dans ce crime barbare, sauvage, j'éprouve un horrible réconfort à l'idée de l'archive, de la preuve. On ne pourra pas dire que c'est sa faute. Qu'il était dangereux. Que c'était de la légitime défense. Personne ne mérite ça. Rien ne le justifie. Il suppliait ! S'il vous plaît. S'il vous plaît. Je ne peux pas respirer. Je suis en train de mourir. Maman. Je ne peux pas respirer.

Mon cœur tremble.

Je regarde la vidéo en boucle et je sens qu'une chose similaire pourrait m'arriver. Comme la mémoire d'un événement pas encore vécu. Mon corps d'homme noir a peur de l'avenir.

Je suis tellement en colère. Je suis si triste.

Moi aussi, j'ai du mal à respirer. Le genou sur ma gorge est invisible. Sournois. Politique.

Couvre-feu.

Soirée appart dans le cinquième.

Apparemment, les flics sont en bas de l'immeuble. Ils attendent qu'on sorte pour nous mettre des amendes. Je regarde par la fenêtre et je les vois. Je bois. J'oublie leur présence en bas.

Je discute avec des amies qui disent de moi que je suis un mec déconstruit dans ma masculinité. Je déteste ce mot. Derrière, j'y vois un tas de ruines. Je préfère me dire que je suis comme une orange et que je m'épluche. Mais on n'est jamais vraiment épluché, c'est un travail à vie. J'aurai toujours des zestes en moi. D'ailleurs, quand je repasse au quartier, je vois bien la surveillance entre mecs. On s'observe. On vérifie qu'on reste dans le champ de la virilité. Bonshommes. Quand j'y suis, je change. Furtivement. Pour ne pas faire tache. Je réadopte le masque.

5 h 30, l'heure des premiers métros. Je descends. J'ai une attestation de déplacement en poche. Je

suis confiant. Ils sont toujours devant le bâtiment. Je les croise en sortant. Ils m'interpellent. Je sors ma carte d'identité. L'un d'eux, sourcils froncés, m'ordonne de rentrer dans l'immeuble. Je sens le danger, mais je m'exécute. Je lui montre mon attestation.

– Non non, rien à faire de cette attestation. On va te mettre une amende. Tu étais en haut avec les autres à faire la fête. Mais si, tu sens la clope. N'insiste pas. Donne-moi ta carte d'identité. Tu parles bien, mais je m'en fous. Ta carte d'identité ou on t'emmène au poste.

Le poste, non. Je lui donne ma carte, en colère. Je rétorque que je ne paierai pas cette amende injuste.

En sortant, je vais de mon côté, en répétant que c'est ridicule. L'un des policiers me demande de revenir, ce que je fais. Il me pousse de toutes ses forces. Je tombe comme je ne l'avais pas fait depuis l'enfance. Mon crâne frappe le sol. Je me relève. Il se rapproche de moi. L'un de ses collègues, qui est un homme noir, regarde l'immeuble.

– Stop, stop. Ça filme.

Depuis le confinement, je sors moins. Je me suis adapté au confort d'être seul. De ne plus devoir négocier avec les regards. Je mate beaucoup de films. Je perds mon temps sur Instagram. Je scrute des comptes de mecs très beaux. Musclés. Qui ont l'air d'avoir été fabriqués par les mains des dieux. Parfaits. Certains rangent leur appartement en se filmant. D'autres cuisinent des plats. Il y a les danseurs. Et ceux qui font du sport en pantalon moulant, laissant quasiment visible leur entrejambe surdimensionné. Je les regarde et je hais mon miroir. Mon corps défectueux. En dessous des vidéos, je regarde les commentaires. Certains sont drôles, beaucoup explicites. Ces hommes attirent. Je tente de me rassurer en me racontant qu'ils n'ont pas mon ouverture d'esprit, ma sensibilité, ma poésie, mais plus je les regarde et plus je me sens mal.

Je m'inscris à la salle de sport, mais j'ai envie de m'en aller après dix minutes. J'achète un genre de pince qu'il faut fermer à la force des doigts pour les muscler. Aucun résultat. J'achète des morceaux de caoutchouc qu'il faut mâcher pour muscler la mâchoire. Aucun résultat. J'achète de la lotion pour qu'enfin ma barbe pousse. Aucun résultat. Je tente de porter des lunettes de vue que j'abandonne rapidement. Je tente de modifier ma démarche, mais je perds en équilibre. Retour à la case départ. Posture. Je redresse le torse chaque fois que je suis assis, mais ça sollicite trop les abdos que je n'ai pas, étant donné que je déserte la salle de sport, que je paie pourtant. Échec. Posture avachie. La voix grave. Je m'enregistre. Je m'écoute et j'entends ma voix d'enfant. Aucune basse. Je me renseigne sur Internet. Flemme immense. Retour à ces vidéos qui m'énervent. Je décide d'arrêter de les regarder et d'essayer de me contenter du réel.

Ce soir, j'ai rendez-vous avec un ami pour boire des coups.

En marchant vers le métro, je croise un petit garçon noir qui m'interpelle.

– Bonsoir monsieur. Vous avez un euro s'il vous plaît ?

Deux décennies d'écart et rien n'a changé.

J'arrive au bar en avance pour travailler. Je vois sortir une femme aveugle avec une grosse touffe de cheveux blonds. Sur le trottoir, elle a l'air désorientée. Elle a besoin d'aide. Je vérifie qu'il ne lui arrive rien, mais je me retiens d'y aller. Elle ne verrait pas ma couleur de peau, mais les autres passants, oui. Je ne veux pas qu'il y ait de doutes. Des regards en ma direction qui s'assureraient que je ne lui pique pas son sac. Une dame s'approche pour l'aider. Tout va bien. J'entre. Une fois installé, je sors mon iPad et j'écris.

Un couple est devant moi. Sur la table, leur tout petit bébé. Il est blond aux yeux bleus. Il n'arrête pas de me regarder, avec sourire et tendresse. Ça amuse les parents. On partage des fous rires. Le gosse ne me lâche pas. Il me fait coucou. Dans son innocence, dans sa plus grande humanité, ce gamin, joyeux, joueur, n'est pas raciste. Le deviendra-t-il un jour ? J'espère que non.

Mon pote arrive. Seul. C'est toujours de cette manière dorénavant. En tête à tête. Je ne vois quasiment plus la bande, je n'aime plus ça. C'est comme s'il y avait un gros emoji au-dessus de nous. Celui du rire. Alors, on l'exécute et on se marre. Beaucoup. On ne fait que ça. Rigoler, pour ne pas se parler véritablement. Pour ne pas donner à voir l'intérieur de nos cocottes-minute pleines. Pour ne pas crier. Pour ne pas pleurer. Il y a peut-être une grandeur à l'idée de ne montrer que le beau de soi. Mais elle me saoule.

Deuxième pinte. Ça fait longtemps qu'on ne s'est pas vus. On a plein de choses à se dire.

J'ai beaucoup d'amis. J'ai le temps et l'espace pour cela. Mais j'observe qu'aucune de mes relations amicales n'exige une quotidienneté. On peut n'avoir aucune nouvelle les uns des autres pendant des semaines, des mois, sans s'en inquiéter.

On parle d'amour. De son couple. Tout se passe bien, mais il a des envies d'ailleurs. Il ne sait pas comment l'aborder avec sa copine. Je lui conseille, quoi qu'il en soit, de ne pas la tromper. Ça abîme, ça. Beaucoup trop. Il le sait.

Une femme passe devant nous. Elle est magnifique. Mon pote la regarde.

– Les meufs noires ont des culs incroyables. J'adore ! Ça, plus le côté sauvage au lit, ça doit être le combo parfait.

Je n'aime pas ce que j'entends. Son regard chelou. Plein de clichés. Il me déçoit. Et si je lui demandais s'il est raciste ? Non, c'est trop simple. Sa réponse serait évidemment un gros non. Complètement vide. Pour faire joli.

Je devrais lui demander s'il est antiraciste. Et si la réponse est oui, il devrait me dire ce qu'il fait en ce sens. C'est beaucoup plus intéressant. On évoquerait des actes et non la simple posture passive consistant à dire : Je ne vois pas les couleurs. J'ai un ami noir.

Silence.

Je souris.

Je n'ai pas envie de le gêner. D'être désagréable. Mon pote s'en va.

Je continue de bosser et un autre ami, Amad, m'envoie un message. Il me rejoint.

Deuxième ti-punch.

– Ça va. En fait non. J'en ai marre frérot. Ça me rend ouf. On croirait que je suis le seul Noir qui habite place Monge. Bah je parle de tous ces regards. Je fais peur. On me regarde aussi avec suspicion. Avec mépris parfois. C'est un délire. Ça m'énerve tout ça. En fait, ça m'enrage.

Il répond à un sms. Je me souviens qu'une amie m'a dit qu'on vit dans un système patriarcal. Qui avantage les hommes au détriment des femmes. Je me souviens d'avoir acquiescé. Mais plus le temps passe, et plus j'y apporte une nuance. En tant que mecs noirs et pauvres, Amad et moi n'avons pas les mêmes privilèges que Léo et la bande. Toutefois, je n'ai pas non plus les mêmes avantages qu'elle, qui est une femme blanche, aisée. Elle a accès à beaucoup plus de choses que moi.

Il bouge rejoindre un date. Je reste seul pour continuer de travailler.

C'est un lieu branché de Paris. Je regarde autour de moi. Du rouge, des bougies. De belles lumières, de l'alcool, de la bonne musique. Du Yves Saint Laurent. De l'amour en ambiance. Ça donne envie de s'enivrer à vie. Mes yeux de l'ivresse s'accordent pour voir ce qu'ils veulent.

Ce soir, je suis heureux, je crois. Je suis avec ces inconnus, beaux, sublimes, presque trop propres. Je suis l'un des leurs.

Pas du tout. Je suis l'écarté. Je suis le seul à ne pas me sentir légitime ici. À ne pas me sentir chez moi. À quel jeu social suis-je en train de jouer ?

Je bouge. Je marche dans la nuit. Frustration. Je les fréquente, ces gens, sans en faire véritablement partie. Il me manque la carte bancaire. La certification Insta.

Dans la rue j'aperçois encore ces regards en ma direction. C'est étrange, mais je suis encore plus visible dans le noir. Moins fois moins égale plus. Noir fois noir égale danger.

Je vais chez Papa récupérer du courrier. Il vient de me laisser un vocal dans lequel il me dit qu'il n'y est pas encore, qu'il arrive bientôt. En général, quand je le vois, je ne reste que quelques minutes. Je crois qu'on ne partage pas grand-chose. Rien à voir avec certains potes qui dînent au restaurant avec leur père en refaisant le monde.

Dans la rue, un monsieur affaibli est devant moi. C'est lui. Je le regarde marcher sans qu'il s'en aperçoive. Son dos est avachi. Sa démarche faussement accélérée. Le mouvement de ses jambes bloqué par des genoux trop utilisés pour une vie. Sa tête est baissée vers le sol, comme alourdie par un poids invisible. Sans doute celui d'une existence difficile. Malgré tout, il semble regarder droit devant. La fierté, toujours. Le crépuscule l'enlace de plus en plus. J'ai autant peur qu'il parte que de lui dire je t'aime. Peut-être que j'attends sa mort pour le faire. C'est pour cette raison que j'affectionne les fantômes. Ils ne répondent jamais. Leurs silences ne m'intimident pas.

Je le rattrape et lui serre la main. Il me file ses clés et me demande de l'attendre chez lui, le temps que le dentiste arrive. À cette heure-ci ?

J'entre dans son appartement et l'odeur me frappe. Celle du beurre de karité pur. Il l'utilise pour se soigner. Selon lui, ça guérit toutes les maladies du monde. Il en applique régulièrement sur son corps. Je balaye le salon du regard et une pensée m'attriste. Mama n'a jamais connu ce logement. Aucune trace d'elle ici. Comme si Papa l'avait oubliée.

Il sonne et entre avec un monsieur d'une soixantaine d'années, maghrébin, qui a un français approximatif. Ils s'installent tous les deux sur un gros canapé vert. Papa lui demande de changer son dentier qu'il retire. Il n'a quasiment plus aucune dent en dessous. L'inconnu le saisit et l'observe en le tournant dans tous les sens. Il faut le changer ! C'est deux cents euros !

Papa négocie à cent cinquante.

Le faux dentiste ouvre son sac et en sort plusieurs prothèses qui ont l'air de mauvaise qualité. Il en prend une et la ponce. Il essaie de l'emboîter dans la bouche de Papa. Ça fait mal. Ce n'est pas encore la bonne taille. Il poursuit ses manipulations jusqu'au moment où ça fonctionne. Papa fait des mouvements de mâchoire. Ça semble lui convenir.

Pourquoi n'est-il pas allé voir un vrai professionnel ?

J'observe ce vieux monsieur qu'est mon père continuer d'avoir des pratiques ancestrales après cinquante ans en France. Qu'est-ce qui chez lui fait résistance ? Est-il fou ou libre ? N'est-ce pas la même chose, au fond ?

Un pote m'invite à l'anniversaire d'un mec que je ne connais pas encore. On se suit seulement sur Instagram. C'est en petit comité, mais il a l'impression que le courant passera entre nous. J'accepte avec plaisir. Quand j'arrive sur place, il n'y a que des personnes noires. Ça me saute aux yeux. Des gens avec beaucoup de style. De goût. C'est intimidant. Je me présente auprès de chacun d'entre eux. Je me sers un verre, et j'observe la dynamique collective. Je les écoute. Ils sont tous artistes dans des domaines différents. Ils sont tous intéressants. Tous s'expriment dans un français léché. Je suis surpris, émerveillé. Je participe aux conversations et j'éprouve un étrange sentiment. De déjà-vu. J'ai rêvé d'un espace dans lequel ma couleur de peau ne serait pas un sujet. J'y suis et c'est fantastique. Tout est tellement évident. On se comprend même dans les silences. L'une des personnes présentes commence à chanter *Une souris verte*. Tout le monde s'y met. Ça chante très bien. C'est généreux.

Bienveillant. Simple. Je fourmille de plaisir. J'ai l'impression d'être devant M. Hervé à la bibliothèque du quartier. Je n'ai pas à porter le masque. Je n'ai pas à me tordre pour ne pas paraître pauvre, ni dangereux. Je n'ai pas à impressionner avec mon éloquence. Je crois que pour la première fois de ma vie, je peux être moi. À poil.

En rentrant, je m'emballe. Cette soirée, c'est peut-être mon salut. Être entouré de personnes qui savent depuis l'intime ce qu'est le racisme. La pauvreté. L'effort pour paraître gentil. Davantage français. Être entouré d'artistes qui comprennent ce qu'est le geste de création et ce qu'il implique en tant que Noir. Se voir souvent. Tous ensemble. Une fois par mois. Avoir un cercle de repos, entre nous, sans jamais accepter de nous définir uniquement par notre couleur de peau. Sans jamais nous replier sur nous-mêmes. Sans jamais nous couper du monde extérieur. Il faut que je mette ça en place. C'est ressourçant. Ça répare.

Je prends le métro, il est 6 heures du matin sur la ligne 5. J'observe autour de moi. Il n'y a quasiment que des personnes noires. Celles qui occupent les postes les plus compliqués. Les plus physiques. Les moins reconnus. Les moins bien payés.

Un homme, avec des dreadlocks, crie et raconte n'importe quoi. Heureusement que nous ne sommes quasiment qu'entre nous. On a l'habitude de voir les fous, frappés par le système. Quand la même scène arrive en pleine journée, c'est autre chose.

Métro. Heure de pointe. C'est blindé.

Un gars est au téléphone. Il parle très fort, dans sa langue maternelle. Je la reconnais, c'est celle de ma mère, le soninké. Il doit être malien. Il rit et continue de discuter. Je crois que je pourrais l'entendre si j'étais à cent mètres. Tout le monde le guette, l'air dérangé. Personne ne l'interpelle, pourtant. Quelques regards se fixent sur moi. Peut-être qu'ils pensent que je pourrais dire au monsieur de parler moins fort. Si je le fais, alors ce n'est pas dangereux. Il m'écoutera sûrement. Entre hommes noirs. Je souris et je reste silencieux. Je suis sûr que certains dans la rame se sentent grand-remplacés par ce dialecte qui prend tout l'espace.

Peut-être que cette scène va pousser l'un d'eux à voter pour l'extrême droite.

Métro. 20 heures.

Je fonce au tournage du documentaire d'un ami. Quand j'entre dans le wagon, j'aperçois un homme ivre. Il parle fort.

Il s'autoproclame algérien.

Il fait tomber sa bière. Il y en a partout sur le sol.

La rame en marche, il crie :

– J'ai quatre enfants. Je n'ai pas le droit de les voir. Ils ont un éducateur de merde. Ils ont niqué mon foyer ces connards. Ce pays, c'est une grande boîte à putes. Elle aime bien arracher les pères. Elle aime les femmes divorcées. Dans tous les cas, la richesse de la France vient d'Afrique. Ils nous ont tout volé. Mais c'est terminé. C'est la Russie maintenant. C'est eux qui sont là-bas. Les Russes, ils vont bientôt tirer tatatatatatatatatata sur vos fesses de Français…

Je me dis, voici les traces d'une histoire pas digérée.

– Hé ! Je suis bourré, mais je ne suis pas un alcoolo. Je suis un maître d'hôtel. Classe. J'ai ma propre voiture. Arrêtez de croire que j'suis une merde.

Je regarde les gens. Les autres Maghrébins de la rame sont dépités.

Le mec titube et touche l'un d'entre eux.

– Ne me touche pas. Tu fous la honte là. Tout le monde a des problèmes. Et je ne les crie pas dans le métro.

L'homme bourré s'excuse en faisant un signe de la main, mais trop tard. La bière sur le sol coule de tous les côtés. La trace est là. La mauvaise représentation aussi.

Dans deux semaines, les élections européennes.

Dubillot. Brasserie française réputée dans un beau quartier.

Beaucoup d'anglophones, c'est les JO.

Je suis installé pour écrire.

Un mec en bermuda, lunettes de soleil, bière à la main, tourne autour de la terrasse. Il fait des allers-retours. Il s'assied sur le trottoir d'en face. Il regarde en direction des tables. Son attitude est étrange. Qu'importe sa couleur de peau. Malheureusement, il a la mienne. Putain, qu'est-ce que tu fais ?

Il n'a aucune conscience de l'impact politique de son attitude. Il s'en va, mais c'est trop tard. Des yeux sur moi. Il m'entache sans le savoir.

J'essaie d'écrire, mais je n'y arrive pas. Je pense à la scène qui vient de se dérouler.

Finalement, peut-être qu'en tant qu'homme noir, j'ai une responsabilité que je sous-estime immensément.

Je ne suis jamais que mon individualité. Si je parais ivre dans la rue, sale, que je traîne autour d'une terrasse en faisant peur, ce n'est pas seulement moi qui suis jugé, mais aussi et surtout cette peau, ce corps noir.

Quoi que je fasse, je n'existe pas seul. J'incarne le groupe des personnes noires. Et il m'incarne. Je suis un fragment de cette masse. C'est une menotte sociale.

Enfant, quand je criais ma jeunesse dans l'espace public, en faisant trop de bruit, cela avait sans doute des répercussions. L'inconnu qui m'observait y trouvait peut-être matière à conforter son vote contre moi.

Comment pouvais-je le savoir ? La politique ne m'est pas venue en aide lors des contrôles d'identité. De la violence sociale. Des mensonges sur les plateaux de télé.

Elle m'a fait comprendre qu'elle regrettait que mes parents soient venus en France.

Que j'étais trop bête pour la saisir, en tant que pauvre du quartier.

Je me souviens du choc. Si Christiane Taubira, cette femme brillante, ministre de la Justice, garde des Sceaux, subit du racisme, alors tous les autres Noirs de France sont condamnés.

La politique m'a blessé. Elle m'a humilié. Elle m'a éloigné. Elle m'a dépolitisé.

Et pourtant, je comprends désormais que j'ai un devoir symbolique.

Une charge politique.

Je pense à tout ce que j'ai mis en place pour ne plus incarner les mauvais stéréotypes.

Changer ma manière de m'habiller, de parler. Toute cette transformation monstrueuse.

Finalement, peut-être qu'elle me permet de ne plus entacher le groupe. De minimiser la casse de notre réputation. De donner à voir une autre manière d'être noir.

Peut-être que montrer patte blanche, c'est politique.

Je suis politique.

Je suis avec des amis chez l'un deux. Verre de rhum sur le canapé. Il est question d'achat d'appartement grâce à un héritage.

Je pense à mes parents. Ceux-là mêmes qui prennent le métro à 6 heures du mat pour aller travailler. Pour se casser le dos et la santé dans un travail qui malmène leur corps.

Les invisibles.

Les mélancoliques.

Un jour, j'ai entendu mon père dire qu'ils avaient quitté leur village parce qu'ils n'avaient absolument rien et s'étaient rendu compte, une fois en France, qu'ils avaient tout perdu.

Je crois qu'ils ont été déchirés par le manque de leurs terres, de leur langue maternelle, de leur culture. Ils ont fait ça pour nous, leurs enfants. Ils ont accepté d'être humiliés, en baissant la tête pour garder leurs emplois quand ils subissaient des remarques inacceptables. Pour nous nourrir. Ils ont dû se taire. Raser les murs pour ne pas prendre trop de place. Ils se sont sacrifiés.

Ils ont conservé un petit morceau de leur pays en eux, secrètement, dans un coin. Ils ne le sortaient qu'à la maison ou entre amis venus du même endroit histoire de faire puzzle, le temps d'un thé.

J'observe mon pote murmurer dans l'oreille de sa mère, avant de l'enlacer. Ils sont tellement beaux ensemble. Entre mes parents et moi, il y a toujours eu une distance. C'est le jour et la nuit.

On a cohabité pourtant, mais je suis resté un inconnu pour eux comme eux pour moi. Leur cœur est trop loin. Planqué au village. Leur âme est meurtrie par l'exil.

Mon père vient de partir au bled pour savoir s'il pouvait y vivre de nouveau.

C'est le désir de ceux qui émigrent en Europe par nécessité. Ils consentent à un sacrifice culturel immense, pour leurs enfants, en espérant retourner sur leurs terres un jour.

Pendant son séjour, je fais du rangement dans son appartement. Dans une valise à l'ancienne, planquée dans une armoire, je tombe sur une tonne de documents conservés pour je ne sais quelle raison. Ici, un certificat d'apprentissage du français, dont il m'a déjà parlé parfois, pour bien me faire comprendre qu'il était intégré.

Dans une pochette, je trouve plusieurs brouillons de lettres qu'il a écrites à l'ambassade du Mali à Paris pour proposer ses services. Il y évoque son honneur de pouvoir un jour travailler dans ces lieux. Son envie écrasante d'être utile à son pays.

« Je vous écris de nouveau. » « Je vous relance. » « Je reviens vers vous. » « Je n'ai toujours pas de réponse. »

Je sens que mes yeux s'humidifient.

Mon père voulait quitter sa condition d'homme de ménage.

Il souhaitait devenir autre chose. Il a essayé. Je n'en savais rien. On ne se parle jamais. C'est peut-être pour cette raison qu'il s'habillait quotidiennement en costard-cravate. Qu'il mettait chaque matin de la crème capillaire Pento sur sa barbe. Qu'il avait une belle voiture Chrysler marron qui faisait diplomate. Il souhaitait incarner le beau. Le puissant. Porter le vêtement avant la fonction. Mais au fil du temps, ses costumes sont devenus de moins en moins ajustés à sa taille. Il en prenait des trop grands. Il se laissait aller. Il a abandonné sa voiture.

Son espoir et son allure chutaient à mesure que ses relances auprès de l'ambassade demeuraient lettre morte.

Il est revenu.

Apparemment, le Mali qu'il a retrouvé n'est pas le même que celui qu'il a quitté.

Désenchantement. Il préfère terminer ses jours en France.

Peut-être que ce n'est tant son pays que sa jeunesse qu'il voulait recouvrer en y allant.

Mais le temps est indomptable.

Ce qui a été arraché par l'exil l'est à jamais. Le retour au village est fantasmé, seulement les rides et la mélancolie des moments ratés laissent un goût amer qui maintiennent à distance. Tout autant que d'incarner celui qui a vécu en France. Le riche. Les rapports humains deviennent corrompus, m'a-t-il fait comprendre. Désormais, il est définitivement en naufrage intime.

Enfant, je prenais de haut Mama, parce qu'elle ne parlait pas bien français. Je reproduisais, sans m'en rendre compte, le mépris culturel avec lequel la société me considérait.

Quand j'essaie de me souvenir de Mama, je crois qu'elle était heureuse d'avoir accompli sa trajectoire de mère, mais triste en tant que femme. J'ai l'impression qu'une partie d'elle était éteinte. Peut-être même morte.

Quand elle est arrivée en France, à vingt ans, enceinte de sa première fille. Elle se sentait terriblement arrachée. Quelqu'un m'a raconté qu'alors qu'elle cuisinait un mafé, elle s'est un jour mise à sangloter, parce que la viande était toute fade. Pas comme celle qu'elle avait connue. À travers ces larmes, c'est son village qu'elle pleurait. Son enfance qu'elle voyait s'envoler. Son futur condamné.

Aujourd'hui, j'imagine une femme d'une vingtaine d'années, le ventre plein d'un bébé, quittant son monde pour se retrouver dans un endroit où tout lui est inconnu et hostile.

Mama, je ressens encore le manque de contact. Ma peau est vierge de la tienne.

Peut-être que tu me bordais enfant. Que le toucher était possible face au bébé que j'étais. Que s'est-il passé ensuite ? Où sont allées les tendresses ? Je t'en ai voulu pour tes silences. Ils étaient les acteurs principaux de notre relation. Tu me les as transmis. Je ne sais plus quoi en faire. En amour Mama, je ne dévoile rien de ce qui s'agite en moi.

Je suis le réceptacle de l'autre. Je l'écoute. Je l'encourage. Je l'envie pour sa capacité à savoir se raconter.

Moi, j'ai tous ces silences coincés dans ma bouche. Je crois que tu n'as pas été là pour moi émotionnellement. Ton amour était insonore. Impalpable.

J'attendais une autre forme d'affection que tu n'avais pas apprise. Mais avec mes yeux d'adulte, je sais désormais que tu la désirais. Tu rêvais secrètement qu'on soit aussi démonstratifs que dans *Les Feux de l'amour*. Sans doute que l'exil et ce qu'il implique de violence t'en ont empêchée.

Peut-être que, si tu n'avais pas émigré, si j'étais né sur ta terre, celle de ton cœur, alors j'aurais connu le bonheur de t'enlacer au moins une fois.

On part parce qu'on n'a pas le choix.
On agonise si on reste.
On brûle intimement si on s'échappe.
On meurt dans tous les cas.

Quand j'y pense, moi non plus, je n'ai pas été là pour toi. Ma construction m'en a empêché.

Devenir le bonhomme que je devais être passait par m'écarter de toute douceur. Y compris vis-à-vis de toi.

Mais aujourd'hui, je n'ai aucune excuse. Tu as déménagé au paradis depuis dix ans et je ne suis toujours pas allé me recueillir auprès de ton corps, qui se trouve dans ton village. Ton pays, qui est inscrit sur ma gueule, m'est encore inconnu.

Voyager à Barcelone, Amsterdam, Londres, prend le goût d'une trahison.

Je pense souvent aux mots d'amour que je ne t'ai jamais dits. Aux câlins que j'aurais dû te prodiguer. J'aimerais revenir en arrière et te masser les pieds.

En quittant le quartier, je poursuis l'exil de mes parents. Je m'éloigne d'un espace violent, abandonné. Dans lequel je ne veux pas que mes enfants vivent, si j'en ai un jour. Mais contrairement à eux, il ne s'agit pas de changer de continent, de traverser une mer, de perdre tous mes repères. Je dois me déplacer de quelques stations de métro. Me débrouiller pour en avoir les moyens financiers. Raser les murs, pour ne pas faire peur. Et espérer, comme mon père et ma mère avant moi, que les futures générations n'aient pas à subir encore cette charge politique injuste qui doit cesser un jour.

Tout comme les ghettos qui ne doivent plus exister tels qu'ils sont aujourd'hui. Des zones dans lesquelles on nous parque entre nous, comme un élevage. Enfermés. Des espaces qui protègent le reste de la société de ce que nous sommes pour elle. Des personnes au comportement animal. Ou des bêtes à l'apparence humaine. C'est une ségrégation qui ne dit pas son nom.

S'il y avait un bouton en face de chaque citoyen français, qu'on leur disait qu'en appuyant dessus, les quartiers populaires et toutes leurs populations n'existeraient plus en France, combien le feraient ?

– Quel est le poids de la lutte antiraciste dans votre vie, aujourd'hui, au détriment du football ? Est-il plus important que vos désirs footballistiques ?

– Ah, bien sûr, parce que dans le football, il y a beaucoup de gens et de joueurs meilleurs que moi qui sont passés par là. Et je veux que les gens dans le monde évoluent, s'améliorent et que nous soyons égaux. Je veux que dans un avenir très proche il y ait moins de cas de racisme et que les Noirs puissent avoir une vie normale, comme tout le monde. C'est pour cela que je veux continuer à me battre. Comme je l'ai déjà dit, si ce n'était que pour moi, j'aurais abandonné. Je resterais à la maison et personne ne m'insulterait. Personne ne me ferait quoi que ce soit. Je vais au match la tête tournée vers le jeu afin de donner le meilleur de moi-même à mon équipe, mais ce n'est pas toujours possible... Je dois donc me concentrer chaque jour...

Les larmes lui viennent à ce moment-là.

Il s'arrête, n'arrive pas à poursuivre.

Ce sont les mots du footballeur Vinicius. L'un des meilleurs au monde. C'est un homme noir. Il lui arrive souvent de subir des gestes racistes de la part des supporters quand il joue. Certains miment des singes. D'autres l'insultent.

Ces confessions ont fait le tour de la planète. Il y a eu une sorte de compassion, mais courte. Un soufflé. On n'en parle déjà plus.

En moi, ça continue de brûler. Je me reconnais à fond. Mon espace mental en est bouffé. Tous les jours.

Une émission de télévision dans laquelle un chroniqueur ou un invité utilisent des propos dévalorisants concernant des personnes noires. Ces mêmes déclarations finissent sur les réseaux sociaux et deviennent virales. Je tombe dessus sans les chercher. Je suis encore accusé, indirectement.

Jusque sur mon téléphone. Jusqu'à chez moi.

Une voiture de flics qui ralentit, sans aucune raison, à mon niveau, avant de repartir.

Une recherche d'appartement qui n'est pas fructueuse. Alors même que je suis le seul dossier, sur recommandation, meilleur que celui des anciens locataires, avec deux garants très solides.

Un regard suspicieux dans le métro, dans la rue.

Un commerçant extrêmement sympathique avec les clients qui passe devant moi, mais froid, sans aucune raison, malgré ma courtoisie, lorsque vient mon tour.

Aucun répit.

Je suis toujours sur le fil. Vigilant. J'essaye de contourner cette peur que j'incarne pour ne pas me la prendre en pleine gueule. Elle fait mal.

Jamais je n'ai la possibilité de m'en indigner, il s'agit d'actes si subtils. Un regard dans ma direction, une main sur un sac. Un changement de trottoir. Un téléphone rangé dans la poche. Un parent qui demande à son enfant de s'approcher de lui. Pas de quoi changer le sens de rotation de la Terre. Mais suffisamment pour que je me sente comme l'effrayant. Celui qui dérange. L'autre. L'étrange. L'étranger.

Si j'en parle, je passe pour l'excessif.

Alors je me tais.

Puis la nuit, je ressasse. Je me promets que je dirai quelque chose la prochaine fois.

Seulement, il faut montrer patte blanche, charge politique oblige. Alors, je me contiens. Je la ferme et je souris. Je suis sympathique.

Mais qu'est-ce que ça bout à l'intérieur. Je suis en colère contre tout le monde. Ceux qui sont racistes et qui l'assument. Ceux qui ne l'assument pas. Ceux qui disent ne pas l'être, mais qui ne font rien pour le combattre. Ceux qui le subissent et qui en rient, pour ne pas gêner. Ceux qui le subissent et qui sont trop virulents. Ceux qui le subissent et qui l'intègrent comme étant la vérité. Ceux qui le subissent et qui discréditent les autres Noirs pour se démarquer d'eux.

J'ai tellement aimé incarner le Noir exceptionnel. Celui qui parle bien. L'intelligent. Le Bounty comme on dit. Blanc à l'intérieur. Le bien assimilé. Qui ne gêne pas. Qu'on est fier de présenter comme un trophée. Comme une rareté.

J'ai adoré ça, constater que j'étais perçu comme étant spécial. Que j'avais réussi ma transformation. Je me réjouissais d'apparaître autrement. Je voulais créer une distance avec les clichés. Avec les autres Noirs qui les incarnaient malgré eux. Mais je ne le supporte plus.

Ça brise tout, ça, à la longue. L'effort que je déploie pour tout mettre sous le tapis est immense.

Si le corps n'est pas malade, alors tout va bien. Les blessures émotionnelles sont des chichis. Pour les femmes. Pour les Blancs. La santé mentale est un concept de riche ou de faible. Chaque problème doit être géré rapidement, en silence, sans se plaindre. J'ai cru en toutes ces choses longtemps.

Et alors même que ce n'est plus le cas, je reste immobilisé.

Impossible d'aller voir un psy.

Quand on me demande si j'en consulte un, j'ai toujours la même excuse : en tant qu'auteur, c'est à travers l'écriture que je m'élucide. Seul.

Mais le geste artistique ne sauve pas des insomnies. Il ne me délivre pas de la charge politique. De la frustration. De la chute de mon amour-propre. De la déception de constater que rien ne change dans le pays. De la tristesse de me sentir impuissant.

Il doit être 21 h 30. Je sors du cinéma.

J'aime ça, aller voir des films seul. Je me place au premier rang afin qu'il n'y ait aucun obstacle entre l'écran et moi. Je suis obligé de bouger la tête pour saisir toute l'image.

Je fais des choix. Je regarde cette partie et non l'autre.

Je façonne ma propre histoire.

Je vais rarement aux toilettes. Il y a souvent de longues files d'attente.

Alors je me retiens. J'habite tout près, vingt minutes à pied.

Ce soir, les rues sont vides. Peut-être parce qu'il a plu.

Il y a cette femme devant moi.

Grande, brune, cheveux longs, tailleur gris, talons noirs, petit sac en cuir marron.

Démarche assurée.

Elle se retourne et me regarde. Elle recommence.

La musique est lancée. Elle a peur de moi.

Je ralentis.

Je peux comprendre.

Si j'étais une femme, je serais effrayée par un mec marchant derrière moi.

Il y en a tellement qui font de la merde.

C'est mon pull à capuche ? Je n'en avais pas mis depuis dix ans.

Je suis seulement un mec cool qui tente de rentrer chez lui. J'habite dans le coin.

C'est n'importe quoi.

Qu'est-ce que tu veux que je fasse ? Je dois carrément m'arrêter ?

Une femme que j'ai rencontrée en soirée m'a avoué qu'elle est toujours en alerte quand un homme marche derrière elle. Encore plus s'il est noir.

Est-ce la même chose pour toi ?

Tu sais que si tu étais agressée, devant moi, je te défendrais ?

J'aimerais te dire que je suis inoffensif. Gentil. Que ma peur de l'espace public me permet de comprendre la tienne. Que je suis ton allié.

On pourrait être potes. Tu pourrais être ma copine.

Mais ce soir, dans ta crainte, tu me détestes. Tu es le réceptacle de l'inconscient collectif. Celui qui me transforme en ennemi. Celui qui me condamne depuis la tendre enfance.

Moi aussi, je te déteste.

Je rêve ! Tu commences à courir ?

Montrer patte blanche ne sert à rien !

Je suis déçu ! Ce vivre ensemble est illusoire.

Tu ne veux pas faire société avec moi.

J'ai envie de te donner raison.

De te courir après. De t'effrayer. D'accepter ce rôle horrible.

Mais je ne le ferai pas.

Je sais qu'il peut être question de vie ou de mort pour toi.

Elle s'arrête quelques mètres plus tard, bras levé, au niveau d'un abribus. Elle est essoufflée. Elle ne me regarde pas.

Un bus roulant vite s'arrête devant. Elle monte. À l'intérieur, elle retrouve un groupe au fond. Ils ont des bouteilles de vin. Ils ont l'air de faire la fête. Elle salue tout le monde. Je crois qu'elle voulait les rejoindre.

Je grimpe par-dessus la grille des Buttes-Chaumont.

J'entre dans mon espace pour la première fois depuis des années.

Tout a changé ici. Ils ont déraciné l'arbre ! Plus de feuilles mortes au sol. Plus de sac en cuir. Plus mon enregistrement. Je fais les cent pas. Peut-être que quelqu'un a tout écouté. Ou que tout a été détruit, broyé. J'ai l'impression d'avoir un membre en moins.

On vient de rompre mon lien avec le Petit Sikou.

Qu'est-ce que je fais maintenant ?!

J'arrive chez moi. Essoufflé. Anormalement. J'en ai marre. De tout.

Mes yeux s'imbibent.

J'essuie, mais ça revient tout de suite. Ça pleut.

Mes doigts glissent, mon visage est une patinoire.

Il y a des gouttes sur mon tee-shirt. On croirait que je transpire. Il y en a sur le sol.

J'appuie la tête contre un mur comme pour me cacher. J'ai honte.

J'ai mal.

Je tente de recouvrer une respiration normale.

J'entends un portable sonner dans l'appartement d'à côté.

J'essaie de ne plus faire de bruit.

J'espère que personne ne m'a entendu.

Mes yeux vibrent. C'est un tsunami. Me revient l'histoire du téléphone du vent.

Je me précipite vers mon lit-coffre. Je sors mon téléphone fixe. Je le dépose sur la table basse du salon. Je ne le branche pas et le décroche.

Silence. Personne.

Qu'est-ce que j'ai cru ?

– *Petit Sikou ? Petit Sikou ? Si tu es là, réponds-moi. Tu me manques terriblement. Je te regrette. C'était si bon et léger d'être toi, au quartier, loin de toutes ces grandes questions qui me prennent la tête. Le temps passant, je me rends compte que notre enfance était fabuleuse. Dure, brutale, mais sublime. Pleine de repères. Je suis perdu désormais. Je ne sais plus où aller. Ce que je dois être. Tout est flou et hostile. Tu ne le sais pas encore, mais tu vas en apprendre un peu plus sur la douleur de ce monde. Ta couleur est le premier jugement qu'il te porte. C'est une étiquette, une condamnation. Tu comprendras, pas tout de suite, mais un jour, que certains te regarderont toujours avec des yeux pleins de doutes, comme si ta présence dérangeait l'ordre des choses. Les hommes en costume parleront de toi comme si tu étais un problème à résoudre. Tu vas te battre pour ta dignité, mais tu te sentiras fatigué, épuisé par cette guerre invisible. Tu vas te frustrer à expliquer que tu es un être humain, et qu'on ne devrait pas te juger sur des critères absurdes. Parfois, tu te demanderas si ça en vaut encore la peine. Je veux que tu saches, Petit Sikou, que si tu te sens brisé, que la colère t'envahit, je suis là. Malgré la tristesse qui m'habite, tu as grandi fort, même si ce monde a tout fait pour te casser. Tu as su voir l'humanité dans les autres, même quand on te l'a refusée. Tu sais, j'ai fait un rêve, moi aussi. On se réveillait un matin avec une sensation étrange dans le corps, comme si quelque chose nous avait tous traversés. Chacun allait se regarder dans un miroir en s'aimant. Les variétés de peau n'avaient aucune autre signification que de simples différences esthétiques, sans hiérarchie. Être noir était devenu aussi banal qu'être blanc. On s'estimait les uns les autres à l'aune de notre qualité morale. Les enfants jouaient ensemble sans discrimination. Les adultes faisaient société sans racisme. Les nations du monde se regardaient horizontalement. L'Afrique était belle et prospère. Plus personne ne voulait la quitter. J'étais plus léger, plus libre, plus heureux. Le réveil fut brutal. Petit Sikou, les prochaines années m'effraient. Le pays est habillé d'une rumeur qui suggère le conflit. Cette peau que l'on porte devient une cible assumée. Il va falloir faire attention. Je me sens seul. J'ai peur. J'ai le mal d'amour. Envoie-moi un signe, s'il te plaît. J'ai besoin de toi.*

Rien. Évidemment.

Je raccroche.

Je m'accroupis.

Je ferme les yeux.

Mes doigts contre mes oreilles pour ne plus entendre.

Je crée un monde silencieux en moi. Rien d'autre n'existe.

Noir complet.

Je lève mes paupières.

Le matin s'installe dans la pièce.

J'éloigne doucement les mains de mon visage.

Mon téléphone du vent sonne.

Cet ouvrage a été composé
par PCA
et achevé d'imprimer en mars 2025
par CPI BUSSIÈRE (18200 Saint-Amand-Montrond)
pour le compte des Éditions Stock
21, rue du Montparnasse, 75006 Paris
stock@editions-stock.fr

PAPIER CERTIFIÉ

Stock s'engage pour l'environnement en réduisant l'empreinte carbone de ses livres. Celle de cet exemplaire est de :
550 g éq. CO_2
Rendez-vous sur www.editions-stock-durable.fr